2€

DÉCORS *de* FÊTES

TABLES FESTIVES, IDÉES DÉCO,
PETITS CADEAUX, GOURMANDISES...

Holly Becker
& Leslie Shewring

DÉCORS
de
FÊTES

➤ ♥ ➤

TABLES FESTIVES, IDÉES DÉCO,
PETITS CADEAUX, GOURMANDISES...

Éditions
marie claire

Le livre a été publié pour la première fois
en 2016 sous le titre Decorate for a party,
par Jacqui Small, LLP ; 74–77 White Lion
Street, N1 9 PF Londres, Angleterre
© 2016 Holly Becker et Leslie Shewring
© Jacqui Small 2016, pour la conception
artistique et les droits d'images

Éditeur : **Jacqui Small**
Suivi éditorial : **Emma Heyworth-Dunn**
Conception artistique : **Helen Bratby**
Relecture : **Sian Parkhouse**
Stylistes : **Holly Becker et Leslie Shewring**
Production : **Maeve Healy**

Direction d'édition : **Thierry Lamarre**
Traduction : **Ana Urbic**
Correction-révision : **Claire Mounier**
Couverture : **Either Studio**

Éditions Marie Claire
Publiées par Société d'Information et de
Créations - SIC
Une société de Marie Claire Album
10, bd des Frères-Voisin
92792 Issy-Les-Moulineaux
CEDEX 9 - France
Tél. 01 41 46 88 88
RCS Nanterre 302 114 509
SARL au capital de 3.822.000 euros
© 2016, Éditions Marie Claire - Société
d'Information et de Créations - SIC

ISBN : 979-103230-0541
N° Éditeur : 38369
Dépôt légal : septembre 2016.

www.editionsmarieclaire.com

Imprimé en Chine

Sommaire

Bienvenue à vous!

Décors de fêtes est destiné à tous ceux qui aiment s'amuser et partager, donner de l'amour à leurs proches et pour qui « parfait » reste un simple mot. Il s'adresse à ceux qui veulent se construire des souvenirs dans le seul endroit où la créativité ne doit pas connaître de limites : leur propre chez-eux.

Cet ouvrage vous aidera à organiser une fête stylée sans pour autant vous ruiner. Nous vous donnons plein d'astuces pour organiser votre fête dans les meilleures conditions, qu'il s'agisse de l'éclairage idéal, de la playlist adaptée ou du choix des objets de déco – réalisés par vos soins, bien sûr. Pour ce projet, nous nous sommes inspirées de notre passion pour l'organisation de fêtes et, dans ce domaine, nous avons pratiquement tout fait : des grands rassemblements de famille jusqu'à l'enterrement de vie de jeune fille dans une ambiance plus intime.

Organiser quelque chose chez soi ou réunir tout le monde dans votre restaurant préféré ? Les deux options sont possibles, tout dépend de l'occasion à célébrer. Cela dit, n'oubliez pas que vous aurez plus de liberté en organisant un événement chez vous. Vous assurerez tout de A à Z, ce qui est très gratifiant, et ferez vivre à vos proches une expérience authentique tout en créant des souvenirs impérissables. Souvenez-vous de ces moments de bonheur lorsque vous avez célébré l'anniversaire de votre enfant et de son regard lorsque vous avez apporté le gâteau, de tous les fous rires… Vous avez réussi à tout faire sans stresser ni déranger personne car vous l'avez fait chez vous, à votre rythme. Nous vous proposons de renouveler cette magnifique expérience en préparant plein d'autres événements : un dîner entre amis, une fête de fiançailles ou encore une dégustation de whisky. Pourquoi ne pas également organiser une fête à thème, vous savez, une de celles qui se terminent le plus souvent au petit matin, après un karaoké improvisé ? Comme on le dit souvent : recevoir, c'est donner.

En revanche, cela ne veut en aucun cas dire jouer les hôtesses modèles en sortant l'argenterie et les assiettes en porcelaine. Les fêtes trop guindées, cela intimide. Nous préférons plutôt vous donner quelques tuyaux pour préparer une superbe soirée en détournant des objets que vous possédez déjà, afin de créer une ambiance cosy et chaleureuse où vos convives se sentiront à l'aise. Vous verrez, une fois la décoration terminée, tout le monde pensera que celle-ci vous a demandé énormément d'efforts !

Une fête est l'occasion parfaite de rassembler, de partager, de manger, de rire, mais, surtout, de passer des moments inoubliables avec ceux que vous aimez. Notre mission est de vous faire apprécier les préparatifs et d'éliminer le stress qui en découle afin que vous puissiez profiter de votre propre fête. Munissez-vous d'un crayon et d'un bloc-notes et préparez une fête du tonnerre en trouvant l'inspiration au fil de ces pages !

C'est *party* !

Holly & Leslie

AVANT DE DÉMARRER...

Lorsqu'il est question d'organiser une fête et avant de se lancer dans les préparatifs, il est très important de définir un thème afin que le buffet soit en harmonie avec la décoration et vice versa. Vous verrez, cela rend tout de suite les choses plus faciles parce que cela permet de mieux visualiser son projet de fête.

CHOISIR UN THÈME

NOUS N'ALLONS PAS ABORDER LE SUJET DES FÊTES À THÈME (TELLES LES SOIRÉES DÉGUISÉES, PAR EXEMPLE), MAIS CELA NE VOUS EMPÊCHE EN RIEN DE PIOCHER DANS NOS IDÉES POUR LES INCORPORER AUX VÔTRES. NOUS SOMMES LÀ POUR VOUS FOURNIR LES BASES, À VOUS DE DÉCIDER DU RESTE, DONNEZ LIBRE COURS À VOTRE CRÉATIVITÉ !

Une fête à thème, n'est-ce pas un peu *too much*?

Si vous en faites trop, oui. Il n'y a rien de plus kitsch qu'un atelier de dégustation de vins avec des motifs de grappes de raisin sur les serviettes de table, la nappe et les galettes de chaises ainsi qu'une vraie grappe comme centre de table. Là, cela risque de vraiment faire trop. Ce que vous pouvez faire, en revanche, c'est organiser un atelier de dégustation de vins et de chocolats. Ainsi, votre thème reste discret tout en étant chic et vous avez votre point de départ pour le choix des couleurs, du menu, des boissons, etc. (voir pages 90 à 101).

Ne serait-il pas plus simple d'acheter quelques éléments de déco, de gonfler des ballons et de lancer la fête?

Si, bien sûr, qui ne l'a jamais fait, après tout? L'idée n'est pas non plus de tout faire de A à Z. Vous n'allez pas faire votre propre vaisselle en poterie ou broder les serviettes aux noms de vos invités. De plus, comme nous vous l'avons déjà signalé, les fêtes parfaites, c'est démodé. Nous, ce que l'on veut, c'est vous donner les astuces pour apporter des touches personnelles et chaleureuses, voire magiques, à vos événements. Mieux vaut avoir peu de déco, mais faite avec goût, surtout si c'est vous qui avez tout préparé. Oubliez les sets de table, les assiettes de présentation et les nappes, concentrez-vous plutôt sur les ronds de serviettes que vous ferez avec de vraies fleurs ou sur la disposition de différents rubans pour réaliser un chemin de table original.

CRÉER UNE AMBIANCE

ORGANISER UNE FÊTE CHEZ VOUS EST L'OCCASION IDÉALE DE PARTAGER VOTRE STYLE ET VOS GOÛTS AVEC VOS INVITÉS. QU'IL S'AGISSE D'UN SIMPLE REPAS OU D'UNE FÊTE AU SENS PROPRE DU TERME, PRENEZ LE TEMPS NÉCESSAIRE POUR DÉCORER ET TOUT METTRE EN PLACE. N'OUBLIEZ PAS, C'EST VOUS LE MAÎTRE DES ÉVÉNEMENTS ET DES DÉCISIONS. VOUS POUVEZ DÉDIER UNE HEURE AU DRESSAGE DE VOTRE TABLE ET À LA FABRICATION DES RONDS DE SERVIETTES. SI VOUS AVEZ PLUS DE TEMPS, POURQUOI NE PAS FAIRE UNE TENTURE MURALE OU DES BANDEROLES ? NOUS VOUS CONSEILLONS DE PERSONNALISER DES OBJETS DE DÉCORATION PRÉVUS À CET EFFET AFIN D'AJOUTER UNE POINTE D'AUDACE DANS VOTRE DÉCO. VOUS N'IMAGINEZ MÊME PAS TOUT CE QUE VOUS POUVEZ FAIRE AVEC DES RUBANS ADHÉSIFS FANTAISIE, UN PEU DE PEINTURE, DE LA COLLE ET DU RUBAN SATIN.

● Collez des stickers sur des ballons de la même couleur pour signifier à vos invités qu'il est temps de faire la fête.

● Fabriquez une frange en papier et fixez-la sur le bord d'une nappe blanche pour apporter de l'originalité à votre buffet.

● Personnalisez des photophores à l'aide de feutres ou de marqueurs spéciaux pour illuminer davantage vos soirées.

● Donnez un petit coup de peinture aux lanternes en papier avant de les suspendre au plafond de votre salon ou salle à manger.

● Enroulez du joli tissu imprimé autour des manches de vos couverts en plastique.

LES TYPES DE FÊTES

Si vous organisez une fête, petite ou grande, vous devez prévoir certaines choses à l'avance. Bien sûr, chacun a sa propre façon de faire et nous ne voulons rien changer à la vôtre, et encore moins vous accabler avec un tas de consignes. Au lieu de cela, nous allons juste vous donner des idées et des astuces qui nous ont beaucoup aidées dans l'organisation de nos propres fêtes. On peut préparer une fête dans les moindres détails, mais, honnêtement, si c'est pour se stresser et ne pas profiter de la soirée, mieux vaut ne rien faire, non ? Voici donc quelques conseils pour aborder les préparatifs avec l'esprit zen…

LOUER UNE SALLE

PARFOIS, LA LISTE DES INVITÉS PEUT ÊTRE ASSEZ LONGUE ET, PAR CONSÉQUENT, IL VOUS SERA IMPOSSIBLE DE RECEVOIR TOUT LE MONDE CHEZ VOUS. DANS CE CAS, ESSAYEZ DE TROUVER UN ENDROIT PLUS ADAPTÉ POUR Y RÉUNIR TOUS VOS CONVIVES.

● Avant de chercher l'endroit parfait, pensez à dresser une liste des invités définitive.

● N'oubliez pas de vous renseigner sur le matériel et le mobilier disponibles dans la salle que vous comptez louer. Aurez-vous besoin de prévoir des tables, des nappes, des serviettes, des chaises ou encore une sono ? D'ailleurs, pourrez-vous apporter votre propre musique ?

● L'endroit dispose-t-il d'une cuisine où vous pourrez préparer et/ou finaliser votre buffet ou y a-t-il un traiteur prévu sur place ?

● Pouvez-vous décorer l'endroit selon vos goûts ? Avez-vous le droit d'accrocher ou de coller des éléments de décoration sur les murs ? Est-il permis de suspendre des décorations au plafond ? Pouvez-vous utiliser de vraies bougies ou uniquement des bougies à piles ou à LED ?

ORGANISER UNE FÊTE CHEZ VOUS

C'EST TOUJOURS UN PLAISIR DE RECEVOIR SES AMIS CHEZ SOI, C'EST PLUS INTIME ET AMUSANT QUE DE DEVOIR TOUS SE RETROUVER AU RESTAURANT. BIEN ÉVIDEMMENT, DANS LE CAS OÙ DES AMIS DÉBARQUENT CHEZ VOUS POUR UNE PETITE SOIRÉE À L'IMPROVISTE, VOUS POUVEZ TOUJOURS VOUS FAIRE LIVRER LE REPAS PAR UN RESTAURANT. CES SOIRÉES ONT AUSSI LEUR PETIT CHARME, RECONNAISSEZ-LE ! QUOI QU'IL EN SOIT, AVEC UN PEU D'ORGANISATION, VOUS POUVEZ PRÉPARER UNE BELLE FÊTE SANS POUR AUTANT VOUS CASSER LA TÊTE.

● Pour que tout le monde puisse profiter pleinement de la soirée, prévoyez entre huit et dix convives. Essayez d'inviter des personnes qui partagent les mêmes centres d'intérêt pour être sûr qu'elles s'entendront bien. N'oubliez pas de vous renseigner sur d'éventuelles allergies alimentaires dont pourraient souffrir vos convives.

● Prévoyez un menu à l'avance et surtout, restez dans la simplicité. Optez pour un plat principal dont vous maîtrisez bien la préparation et complétez-le avec quelques accompagnements.

● Évitez les plats compliqués qui demandent trop de travail et vous retiennent en cuisine alors que vos invités sont déjà arrivés. Favorisez des plats simples et faciles à faire que vous pourrez réserver et finir de préparer quelques minutes avant de passer à table.

● Préparez quelques amuse-bouches et servez-les juste avant que les invités n'arrivent pour qu'ils aient quelque chose à grignoter avec l'apéro en attendant la suite.

PRÉPARER UN BUFFET

PLUS DÉCONTRACTÉ ET PLUS CONVIVIAL QU'UN REPAS SERVI À TABLE, LE BUFFET EST UNE BONNE IDÉE, MAIS DEMANDE TOUT DE MÊME UN PEU D'ORGANISATION.

● Choisissez le thème de votre menu afin qu'il y ait une certaine cohérence entre vos plats.

● Visuellement, votre buffet devra donner l'impression de regorger de différents mets. Faites attention à la disposition des assiettes et des plats sur la table parce qu'il n'y a rien de pire que quelques *petites* assiettes éparpillées sur une *grande* table. Votre menu peut être très simple, il s'agit simplement de donner une illusion d'abondance afin de satisfaire les yeux et les papilles de vos invités.

● Placez la table de telle sorte que l'on puisse y accéder pour se servir des deux côtés, cela évite les bouchons au niveau des petits fours !

● Pensez à décorer la table qui vous servira de buffet avec une belle nappe ou un chemin de table. Vous pouvez également disposer des décorations au centre ou au fond de la table (tout dépend de l'emplacement de celle-ci), là où elles ne dérangeront personne.

● Laissez quelques assiettes dans la cuisine afin d'y attirer les convives. Ainsi, vos invités ne resteront pas dans la même pièce toute la soirée. Cette astuce favorisera également un passage plus agréable autour du buffet.

ORGANISER UNE FÊTE DANS UN ENDROIT RESTREINT

NE VOUS EN FAITES PAS, VOUS N'AVEZ PAS BESOIN D'HABITER DANS UNE MAISON OU UN GRAND APPARTEMENT POUR ORGANISER UNE FÊTE. DÈS LORS QUE VOUS AIMEZ CUISINER ET/ OU MANGER ET QUE VOUS APPRÉCIEZ DE PASSER DU TEMPS EN COMPAGNIE DE VOS PROCHES, RIEN NE VOUS EMPÊCHE DE LE FAIRE CHEZ VOUS, MÊME SI C'EST PETIT. OUBLIEZ LE « PARFAIT » ET CONCENTREZ-VOUS SUR L'ESSENTIEL.

● Rassemblez les chaises et toutes les assises que vous avez chez vous pour créer un coin à manger. N'hésitez pas à mélanger les styles, le plus important, c'est que ce soit confortable.

● Transformer son salon en salle à manger ? Rien de plus facile ! Il vous suffit de parer votre table basse d'une jolie nappe et d'éparpiller plein de coussins de sol autour. Autre idée : vous pouvez emprunter une table à tapisser et disposer des chaises autour, ou encore rassembler plusieurs petites tables pour en former une grande. Dans ce cas, la nappe sera votre plus grande alliée !

● Ne rassemblez pas tous les plats à un seul et même endroit. Placez un bol par-ci, une assiette par-là, dans le hall ou sur le bar, sur les étagères du salon et, bien évidemment, sur la table basse.

● N'exagérez pas trop avec la décoration. En effet, les espaces restreints ne doivent pas être trop chargés, cela risquerait d'étouffer rapidement la pièce. Autre conseil : limitez également le nombre de plats, d'assiettes et de bols. On n'y pense pas souvent, mais cela fait aussi économiser de l'espace !

CRÉER UNE ATMOSPHÈRE

La clé d'une fête réussie est de faire en sorte que les invités s'amusent et que l'atmosphère soit détendue. Voici quelques petits conseils pour créer une bonne ambiance…

ACCUEILLIR LES INVITÉS

● Veillez à tout préparer avant l'arrivée de vos convives. Un hôte stressé peut, malgré lui, gâcher la soirée.

● Toujours avant l'arrivée de vos invités, vérifiez que vous n'avez pas laissé traîner les objets dont vous vous êtes servis pour décorer, tels que les ciseaux ou le ruban adhésif. N'allumez les bougies que dix minutes avant l'heure d'arrivée prévue des invités.

● N'oubliez pas de sourire et, surtout, de vous amuser !

L'ÉCLAIRAGE

● Créez une ambiance chaleureuse et cosy. Saviez-vous qu'il n'y a rien de mieux que la lumière des bougies pour mettre en valeur votre intérieur *et* le teint des convives ?

● En revanche, n'exagérez pas avec les bougies parfumées. Certains y sont peut-être allergiques et leur odeur ne se combine pas toujours bien avec celle des eaux de toilette et des après-rasages. Il va sans dire qu'allumer des bougies parfumées à côté de la nourriture est fortement déconseillé.

● Les chandelles pouvant facilement se renverser, privilégiez des bougies chauffe-plat dans un photophore.

LA MUSIQUE

● Il n'y a rien de mieux qu'un peu de musique pour mettre tout le monde à l'aise et donner le ton. Préparez votre playlist à l'avance et démarrez la musique vingt minutes avant l'arrivée des invités pour vous mettre dans l'ambiance.

LES FLEURS

● Achetez les fleurs la veille de la fête afin qu'elles puissent s'ouvrir un peu. Prenez le temps de les arranger en un joli bouquet. Si les bourgeons sont fermés, trempez-les dans une eau très chaude pour les faire éclore.

● Si vous optez pour un bouquet de fleurs (sans parfum) comme centre de table, veillez à ce qu'il ne soit pas trop haut pour ne pas gêner le champ de vision et les discussions.

Maintenant que vous avez toutes les cartes en main, voyons quels sont les objets de décoration que vous pouvez faire vous-même, et ce dans la joie et la bonne humeur. Pour cela, nous avons préparé dix thèmes pour vous guider. Allez, c'est *party* !

ORGANISEZ DES FÊTES CHALEUREUSES ET CONVIVIALES
DURANT LESQUELLES AMIS ET BONNE CUISINE
SERONT À L'HONNEUR.

Rassembler & créer

HYGGE, LE MAÎTRE MOT DE CE THÈME, NOUS VIENT TOUT DROIT DU DANEMARK ET SIGNIFIE CRÉER UNE AMBIANCE COSY ET INTIMISTE EN METTANT À CONTRIBUTION LES ÊTRES QUI NOUS SONT CHERS. C'EST AVANT TOUT UN MOMENT DE PARTAGE ET DE CONVIVIALITÉ.

L'ART DU *HYGGE* COMPREND UN ESPRIT DE CAMARADERIE BON ENFANT. IL N'Y A DONC PAS DE PLACE, COMME VOUS L'AUREZ SANS DOUTE COMPRIS, POUR TOUT CE QUI EST PRÉTENTIEUX ET FORMEL. LE BUT DE LA DÉMARCHE N'EST PAS DE FAIRE LA FÊTE À PROPREMENT PARLER, MAIS DE TRAVAILLER EN GROUPE ET DE FAIRE PARLER VOTRE CRÉATIVITÉ ET CELLE DE VOS PROCHES AFIN DE LES PLONGER DANS L'AMBIANCE *HYGGE*.

CE QUI NOUS A INSPIRÉES... Nos nombreux amis danois et leur accueil chaleureux, presque magique, les plats Marimekko* qu'on a achetés dans notre boutique préférée, nos voyages à Copenhague et à Stockholm, le matériel de décoration simple et pas cher qui n'impose pas de limites à la création, la couverture imprimée à motif mauresque qui fait penser à des flocons de neige qu'on a achetée lors de notre séjour à Marrakech (et qu'on a depuis détournée en nappe) et, enfin, même le bac de recyclage pour les ampoules dans la pharmacie nous a donné l'idée – et du matériel gratuit ! – de fabriquer des boules de Noël pour le sapin.

* Grande marque de design finlandais créée en 1951.

LA SAISON IDÉALE
C'EST TOUJOURS LE BON MOMENT POUR LAISSER PARLER SON CÔTÉ CRÉATIF. CELA DIT, LES TUTORIELS QUI SUIVENT TOURNENT AUTOUR DES FÊTES DE FIN D'ANNÉE.

À QUELLE OCCASION ?
UNE JOURNÉE ENTRE COPINES, LA FÊTE DES MÈRES (TROUVEZ UN AUTRE THÈME POUR L'ATELIER DE CRÉATION), UNE FÊTE D'ANNIVERSAIRE POUR LES ENFANTS (PENSEZ ÉGALEMENT À MODIFIER LE THÈME), PÂQUES (PEIGNEZ DES ŒUFS, DÉCOREZ DES GÂTEAUX, ETC.)

LES COULEURS
NOIR ET BLANC AVEC DES TOUCHES ARGENTÉES, CUIVRÉES ET DORÉES

LES MOTIFS
GÉOMÉTRIQUE, FLORAL MODERNE, CACHEMIRE, ÉTOILES, POLKA DOT, MAURESQUE

LE MATÉRIEL NÉCESSAIRE
CAISSETTES EN PAPIER
PAPIER CADEAU/IMPRIMÉ
BARQUETTES CHINOISES
ÉTOILES ET LANTERNES EN PAPIER
FEUTRE POUR VERRE BLANC
COUVERTS EN BOIS PERSONNALISÉS
PERLES BLANCHES
AMPOULES RECYCLÉES
SACS EN PAPIER RAPHIA
PAPILLOTES DE NOËL SURPRISE
PHOTOPHORES EN BOIS

LA PLAYLIST
CARLY RAE JEPSEN : LAST CHRISTMAS
JUSTIN BIEBER : MISTLETOE
FRANCESCA BATTISTELLI : GO TELL IT ON THE MOUNTAIN
SHE & HIM : ROCKIN' AROUND THE CHRISTMAS TREE
ALAN JACKSON : LET IT BE CHRISTMAS
DIANA KRALL : THE CHRISTMAS SONG
BLAKE SHELTON : HOME
WHAM : LAST CHRISTMAS

L'AMBIANCE

Nul besoin d'habiter à Copenhague pour créer une ambiance hivernale et festive chez vous. Dans notre cas, nous avons opté pour du blanc et du noir et avons plongé le salon dans la nature avec une délicieuse odeur de pin. Tous nos éléments de déco sont faits à la main et/ou personnalisés, et les incontournables bougies procurent une ambiance accueillante et cosy.

SUCETTES OREO

Plantez un bâtonnet à sucette dans la partie crémeuse du biscuit puis trempez-le dans du chocolat fondu afin de le recouvrir entièrement. Roulez ensuite la sucette dans des vermicelles et piquez-la sur une planche de polystyrène pour la faire sécher. Collez un morceau de ruban adhésif fantaisie autour du bâtonnet pour le décorer.

BARQUETTE CHINOISE

On trouve facilement ces boîtes dans les magasins de loisirs créatifs et c'est toujours bien d'en avoir quelques-unes à la maison. Décorez-les avec des autocollants, des feutres ou encore du ruban adhésif fantaisie afin de les rendre plus originales. Dans notre cas, nous avons utilisé du ruban adhésif noir pour faire une croix suisse, très répandue dans la décoration scandinave.

GOBELETS PERSONNALISÉS

Utilisez une perforatrice en forme de fleur pour découper des fleurs dans du papier imprimé puis collez-les sur des gobelets en papier. Vous pouvez également personnaliser des cuillères en bois jetables en appliquant une couche de peinture en bombe noir mat sur le manche. Faites-le la veille afin que la peinture ait le temps de sécher.

PAPILLOTES SUCRÉES

Découpez des rectangles dans du papier crépon blanc, placez-y trois petits chocolats, refermez le papier et nouez du ruban doré autour de chaque extrémité. Vous pouvez également coller trois bandes de ruban adhésif noir autour de la papillote pour lui donner plus d'effet.

UNE PETITE FÊTE sur le thème de la décoration scandinave est un prétexte idéal pour rassembler vos ami(e)s et donner libre cours à votre créativité. Quel meilleur moyen d'approfondir vos amitiés que de fabriquer, ensemble, des décorations pour le sapin, la table à manger, ou encore de confectionner de jolies boîtes et sacs cadeaux ? Allumez les bougies, sortez les apéros, mettez un peu de musique en fond sonore et ouvrez les festivités !

LE PETIT PLUS CHALEUREUX

La combinaison du noir et blanc peut rapidement donner un côté froid à la pièce. Apportez donc une touche chaleureuse en allumant des bougies et en mettant une branche de sapin dans un vase qui vous servira de centre de table. En guise de nappe, nous avons utilisé notre fameuse couverture imprimée à motif mauresque achetée au Maroc, qui rappelle des flocons de neige.

6 façons de...
TAMPONNER LES SERVIETTES

1. Nous avons fait nos tampons en utilisant des plaques de mousse adhésive que l'on trouve dans les magasins de loisirs créatifs. Découpez le motif souhaité dans la mousse puis collez-le sur un autre morceau de mousse légèrement plus grand qui vous servira de manche. Nous avons ici opté pour un triangle.

2. Vous pouvez faire la même chose en découpant une forme carrée...

1

2

3

4

3. ... ou encore des étoiles. Veillez à utiliser une peinture textile au toucher soyeux qui s'adapte à votre support et servez-vous d'un pinceau carré fin pour les retouches éventuelles.

4. Vous pouvez fabriquer un tampon avec un motif plus original en collant quatre bandes de mousse adhésive sur le support qui vous servira de manche.

5. Pour cet imprimé, nous avons utilisé un tampon en mousse rond que nous avons acheté dans un magasin de loisirs créatifs.

6. Ici, nous avons fabriqué deux tampons avec deux triangles de tailles différentes sur chacun d'entre eux. N'hésitez pas à retoucher les bords des triangles en vous servant d'un pinceau carré fin.

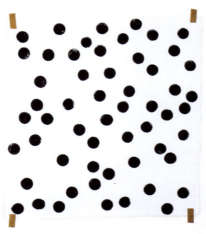

5

6

BRILLE, BRILLE, PETITE ÉTOILE...

Fabriquez des décorations en forme d'étoiles pour les accrocher sur votre sapin de Noël ou sur vos sacs cadeaux. Pour cela, enfilez des perles (nous en avons utilisé 58 précisément) sur du fil de cuivre. Coupez ce dernier juste assez pour le vriller afin de faire une boucle. Pliez ensuite le fil de cuivre agrémenté de perles pour former une étoile puis nouez un morceau de ruban fin noir et blanc sur l'une des branches.

LA BRANCHE DE L'AVENT Inscrivez des chiffres allant de 1 à 24 sur de petites boîtes blanches et accrochez-les sur une branche avec des bouts de ficelle noir et blanc de différentes longueurs. Fixez la branche sur le mur à l'aide de clous et de fil de fer.

COMMENT ORGANISER UNE FÊTE-ATELIER DE CRÉATION

1. Commencez par décider ce que vous allez faire exactement : emballer des cadeaux, fabriquer des objets de décoration ou concevoir un projet de groupe. N'hésitez pas à consulter vos invités sur la question.

2. Prévoyez à l'avance le nombre de « postes créatifs ». Par exemple, si vous vous limitez uniquement à emballer des cadeaux, il vous suffit de placer le matériel nécessaire au centre de la table.

3. Si, en revanche, chacun travaille sur un projet différent, mettez-vous (plus ou moins) d'accord sur la distribution des tâches et expliquez en quoi elles consistent. Ainsi, chacun aura une idée du travail de l'autre et vous saurez également quel matériel acheter.

4. Si vous êtes du genre très organisé, placez le matériel nécessaire à chaque projet dans une pochette plastique étiquetée. Ainsi, lorsque vos invités arriveront, il leur suffira de prendre leur pochette qui fera, en quelque sorte, office de kit préparé.

5. Si vous avez des amis créatifs, vous pouvez être certain qu'ils apporteront des modifications à leur projet en cours de route. Vous pouvez également leur proposer de faire appel à leur talent d'artiste en utilisant tout ce qui leur tombera sous la main. Bien évidemment, vous pouvez toujours leur donner une idée de base. Faire ce genre d'activité à l'heure du goûter ou de l'apéro, avec de la bonne musique en fond, augmentera la créativité de tous (si, si, essayez, vous verrez bien !).

6. Prévoyez toujours plus de matériel que nécessaire au cas où la liste des invités s'allonge au dernier moment ou que l'un de vous ne réussisse pas son projet du premier coup… ni du deuxième (oui, ça arrive !).

7. Vous pouvez également demander à vos invités de ramener leur propre matériel s'ils le souhaitent. Placez un ou deux saladiers au centre de la table, dans lesquels vos convives pourront déposer ce qu'ils ont apporté avant de piocher dedans si nécessaire.

8. Si vous optez pour un atelier d'emballage de cadeaux, rappelez à vos invités d'apporter les cadeaux qu'ils souhaitent emballer !

9. Si vous prévoyez de faire un petit apéro pendant l'atelier, servez des choses simples qui ne vous saliront pas les mains. Veillez à placer les assiettes et les boissons sur une table autre que celle sur laquelle vous travaillez.

10. À la fin de l'atelier, pensez à prendre une photo de groupe en demandant à vos convives de brandir leurs créations devant eux. Vous pourrez publier cette photo sur un réseau social en ligne ou la garder comme souvenir de cette journée inoubliable.

Recouvrez l'assise d'une chaise avec un plaid en fourrure pour apporter une petite touche cosy à votre salon.

Fabriquez une décoration murale que vos invités voudront sans doute reproduire chez eux.

Découpez des sapins dans du papier imprimé et collez-les sur vos cadeaux emballés.

Enroulez une guirlande lumineuse autour d'une branche pour baigner la pièce d'une lumière diffuse.

LES PAILLES : ÉLÉMENT DE DÉCO

Les pailles ne servent pas uniquement à boire, la preuve : prenez un sac cadeau tout simple et découpez un rectangle dans du papier cartonné d'à peu près la même taille que la surface du sac. Coupez ensuite plusieurs pailles en longueurs différentes et collez-les sur le papier cartonné de façon à former un sapin. Ajoutez un bouton en guise d'étoile, collez le papier cartonné sur le sac et embellissez davantage ce dernier avec du papier de soie. Simple, mais charmant !

SAPIN EN CAISSETTES À CUPCAKES

Réalisez ce mini-sapin mural avec des caissettes à cupcakes blanches, du ruban adhésif double face et, pour l'étoile, du ruban adhésif en papier washi (appelé aussi ruban adhésif en papier de riz). *Comment faire :* posez un morceau de ruban adhésif double face sur le fond extérieur des caissettes en papier. Fixez une première caissette au mur. Elle constituera le sommet du sapin. Suspendez au-dessous un bout de fil foncé que vous laisserez pendre

le long du mur et qui vous aidera à faire des rangées droites. Sous la première caissette, collez une rangée de deux caissettes, puis une de quatre, une de six, une de huit et une de dix. Rajoutez trois caissettes verticalement en partant du centre de la dernière rangée afin de créer le tronc. Coupez quatre morceaux de même taille de ruban adhésif en papier washi pour former l'étoile. Votre sapin mural est prêt !

DES RÉCIPIENTS QUI ONT DU STYLE

Utilisez des caissettes à cupcakes ou des barquettes chinoises pour ranger votre matériel tel que les feutres, les rubans, les perles et les paillettes. Ainsi, vous serez dans les meilleures conditions pour travailler. Vous voulez savoir comment fabriquer les boules de sapin avec ampoules utilisées sur la photo ? Rendez-vous à la page suivante !

DÉCOREZ VOS FENÊTRES

Achetez des éventails en papier crépon ou des pompons en papier de soie dans des couleurs assorties. Accrochez-les à vos fenêtres à des hauteurs différentes en vous servant de rubans fantaisie.

BOULES DE SAPIN ORIGINALES

Ne jetez pas vos ampoules utilisées ! Vous pouvez
facilement les détourner en de ravissantes décorations pour
votre sapin : peignez-les avec de la peinture en bombe
(nous avons utilisé du noir mat pour les nôtres) ou laissez-les
telles quelles, surtout si elles sont dépolies. Appliquez un
peu de colle sur la surface en verre puis plongez l'ampoule
ou roulez-la dans des perles ou des paillettes. Laissez
sécher toute la nuit puis enroulez du fil de cuivre autour de
la base de l'ampoule. Vrillez-le afin de former une boucle
pour accrocher la boule.

QUELQUES IDÉES D'EMBALLAGE...

Papier cadeau blanc, ruban adhésif en papier washi doré, ficelle blanche et plume découpée dans du papier doré

Papier cartonné, napperon papier personnalisé, cœur découpé dans du papier ondulé, ficelle noire

Étoile fabriquée avec des piques en bois, du ruban adhésif en papier washi doré et de la ficelle noire

Papier cadeau blanc, ruban adhésif pailleté, ruban vichy

Papier cartonné avec des gouttes de peinture blanche projetées, ruban dentelle, flocon de neige en papier

Papier cadeau blanc, papier pour le scrapbooking à motif Polka Dot, étiquette blanche, ruban serpentin (ou croquet) noir, trombone fantaisie

Papier cadeau blanc, décoration en papier cartonné noir agrémentée de laine blanche et attachée avec une ficelle noire

Boîte revêtue d'un papier cadeau noir, ficelle blanche et étoile découpée dans du papier cartonné

SAPIN EN PAPIER

CE SAPIN TRÈS FACILE ET PAS CHER À RÉALISER EST PARFAIT POUR DÉCORER LES PETITES PIÈCES OU AGRÉMENTER VOTRE TABLE D'ENTRÉE, PAR EXEMPLE. MODERNE ET MINIMALISTE, CET ARBRE DE NOËL MINIATURE PEUT ÊTRE DÉCORÉ AVEC UNE GUIRLANDE LUMINEUSE. VOUS POUVEZ ÉGALEMENT INSTALLER QUELQUES BOUGIES À CÔTÉ POUR RENFORCER L'EFFET COSY. VOUS TROUVEREZ TOUT LE MATÉRIEL NÉCESSAIRE DANS LES MAGASINS DE LOISIRS CRÉATIFS.

VOUS AUREZ BESOIN...

d'un pistolet à colle, d'une plaque de carton, de papier noir, d'un papier blanc léger (sans carbone, par exemple), d'une paire de ciseaux, d'un cutter.

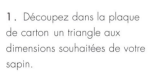

1. Découpez dans la plaque de carton un triangle aux dimensions souhaitées de votre sapin.

2. Découpez une bande de papier blanc d'environ 5 cm de largeur qui dépasse légèrement le patron du sapin.

3. Appliquez de la colle sur la partie haute de la bande de papier blanc puis collez celle-ci sur le patron de façon à laisser 5 cm de carton visible en dessous. Rabattez les angles de la bande et collez-les sur le carton.

4. Coupez des franges espacées de 1 cm dans la partie basse de la bande de papier.

5. Répétez les étapes 2 à 4 jusqu'à atteindre le sommet du sapin, en veillant à disposer les bandes de manière à ce qu'elles se chevauchent.

6. Appliquez de la colle sur le papier noir et collez-le sur la partie du carton toujours visible, au bas du sapin. Si vous préférez, vous pouvez également vous servir d'un ruban adhésif noir qu'il vous suffira alors d'enrouler autour de la base du sapin pour recouvrir la partie cartonnée.

Nouveau & romantique

CE STYLE DE DÉCO HARMONIEUX ET CHALEUREUX EST UN MÉLANGE DE MATÉRIAUX ET DE TEXTILES ORGANIQUES, DE PETITES BRICOLES FAITES À LA MAIN ET D'OBJETS EN VERRE VINTAGE. RELAXANTE ET FÉMININE, CETTE DÉCORATION EST PARFAITE POUR UNE FÊTE ENTRE COPINES. NOUS AVONS PERSONNALISÉ NOS SERVIETTES AVEC DE LA PEINTURE TEXTILE POUR OBTENIR UN EFFET DÉGRADÉ ET NOUS AVONS ÉGALEMENT RÉALISÉ UNE DÉCORATION MURALE AVEC DES PLANTS D'EUCALYPTUS, DE LA FICELLE EN JUTE ET UNE BRANCHE PEINTE EN BLANC. À NOTER AUSSI QUE LES ROSES AUX COULEURS DÉLICATES DÉCORERONT PARFAITEMENT UNE TABLE BASSE EN BOIS RUSTIQUE.

CE QUI NOUS A INSPIRÉES... Les couleurs pastel, l'odeur de l'eucalyptus du Golden Gate Park à San Francisco, les conversations autour d'un verre de rosé, les petits mots rédigés à la main, les fêtes en été, des roses dans un vase en porcelaine, du bois flotté ramassé sur la plage, les fibres textiles naturelles, les pots en terre cuite, la vaisselle de Heath Ceramics et le fait qu'il n'y ait rien de mieux que d'organiser une superbe soirée pour quelqu'un qui nous est très cher.

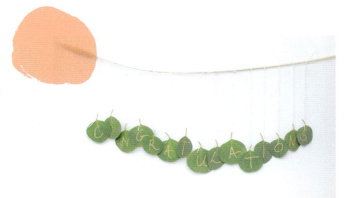

LA SAISON IDÉALE
L'ÉTÉ OU LE DÉBUT DE L'AUTOMNE

À QUELLE OCCASION ?
UN ENTERREMENT DE VIE DE JEUNE FILLE, UN ANNIVERSAIRE OU UNE SOIRÉE ENTRE COPINES

LES COULEURS
VERT PASTEL, BLEU JEAN, PÊCHE, SABLE, BLANC, GRIS CLAIR, BLÉ

LES MOTIFS
SHIBORI (TEINTURE JAPONAISE) ET MOTIFS ETHNIQUES MEXICAINS

LE MATÉRIEL NÉCESSAIRE
EUCALYPTUS
COTON NATUREL
FICELLE EN CUIR
OBJETS EN VERRE VINTAGE
FICELLE EN JUTE
LAINE
BRANCHES DE BOIS
BOIS FLOTTÉ
VASES EN PORCELAINE FAITS MAIN
ROSES AUX COULEURS DÉLICATES
FEUTRE POUR VERRE

LA PLAYLIST
MAX FROST : LET ME DOWN EASY
VACATIONER : PARADISE WAITING
MATT SIMONS : CATCH & RELEASE
   (DEEPEND REMIX)
BROODS : MOTHER & FATHER
GLASS ANIMALS : GOOEY
NORA EN PURE : COME WITH ME
RYN WEAVER : STAY LOW
MONTGOMERY : PINATA
PACIFIC AIR : FLOAT

L'INVITÉE D'HONNEUR

Nous avons prévu une chaise spéciale pour notre invitée d'honneur, la future mariée, afin qu'elle puisse s'y installer pour ouvrir ses cadeaux. Bien évidemment, nous avons également immortalisé cet instant en prenant plein de photos. Pour le dîner, nous avons opté pour une ambiance bohème en éparpillant des coussins de sol autour de la table basse. Cela change un peu du repas traditionnel à table et, de plus, les convives adorent.

Ce thème est parfait pour un ENTERREMENT DE VIE DE JEUNE FILLE sans chichi, mais peut aussi se révéler un bon choix pour une fête d'anniversaire en été ou pour une soirée entre copines. Nous allons vous donner quelques astuces simples pour créer une atmosphère chaleureuse et féminine. Sachez également que la plupart des objets de déco peuvent être fabriqués à l'avance.

EMBALLAGES CADEAUX

Furoshiki, l'art de l'emballage japonais, est un moyen original d'emballer vos cadeaux en utilisant des carrés de tissu que vous pliez avant de les nouer. Ici, nous avons utilisé du coton naturel et un épi de blé pour décorer.

TARTES COURONNÉES

Vous pouvez aussi décorer vos tartes en attendant qu'elles soient dégustées. Comment ? C'est très simple : fabriquez une couronne de fleurs non toxiques que vous pourrez facilement retirer de la tarte avant de découper des parts.

AGITATEURS 100 % NATURELS

Même les boissons chaudes ont le droit d'être remuées avec classe ! Nous avons décoré ces agitateurs en bambou avec des brins d'eucalyptus.

QUELQUES RAYURES...

Nous avons collé plusieurs anneaux de ruban adhésif sur des morceaux de bois flotté avant de les peindre en blanc. Une fois que la peinture a séché, nous avons retiré les anneaux de ruban pour révéler la couleur naturelle du bois.

DES BOUGIES EN JARRE PERSONNALISÉES

C'est l'atelier de calligraphie de l'artiste canadienne Kate Campbell qui nous a inspiré ces belles bougies personnalisées. Nous nous sommes servies d'un feutre pour verre noir afin d'écrire, en calligraphie, une pensée positive sur chacune des jarres. Ainsi, chaque convive pourra allumer une bougie en l'honneur de la future mariée.

OJOS DE DIOS

VOTRE COULOIR PEUT LUI AUSSI PRENDRE DES COULEURS DE FÊTE AVEC CET OBJET ISSU DE LA TRADITION MEXICAINE. LES *OJOS DE DIOS*, ŒIL DE DIEU EN FRANÇAIS, SONT CONÇUS POUR CÉLÉBRER UNE FÊTE IMPORTANTE, OU ENCORE POUR BÉNIR UNE MAISON. NOUS LES AVONS FABRIQUÉS AVEC DE LA LAINE BIOLOGIQUE ; LES COULEURS SONT ASSORTIES À CELLES DE LA FÊTE. NE VOUS ARRÊTEZ PAS À UN SEUL, TROIS, CELA FAIT ENCORE PLUS JOLI SUR LE MUR !

VOUS AUREZ BESOIN...

de deux branches de même épaisseur et taille, de pelotes de laine, d'une paire de ciseaux, d'un pinceau, de peinture blanche, d'un morceau de fil de fer.

1. Si vous le souhaitez, peignez les branches en blanc. Positionnez-les en croix et faites un nœud avec de la laine autour de l'intersection des branches. Enroulez le fil autour de l'intersection comme sur la photo.

2. Décidez dans quel sens vous souhaitez travailler et si vous préférez commencer en enroulant la laine en passant devant ou derrière les branches. Il est important de garder la même technique tout au long de la fabrication.

3. Nous avons tissé notre œil de Dieu dans le sens des aiguilles d'une montre en faisant passer le fil devant la baguette du haut, derrière la baguette du haut, devant la baguette droite, derrière la baguette droite, devant la baguette du bas, derrière la baguette du bas, et enfin devant et derrière la baguette gauche.

4. Nouez un fil en laine d'une couleur différente du premier fil et placez le nœud sur l'envers de l'ouvrage avant de poursuivre le tissage sur le même principe.

5. Terminez l'ouvrage en nouant bien le fil de laine sur l'une des quatre branches. Enroulez le fil de fer à l'arrière, autour de l'intersection des branches et vrillez-le afin de former une boucle. Ainsi, vous pourrez accrocher votre œil de Dieu contre le mur.

CHUTES D'EUCALYPTUS

Nous avons fabriqué cette décoration murale très simple le jour de la fête. Nous avons coupé vingt morceaux de ficelle blanche de tailles différentes et avons noué un brin d'eucalyptus à chaque extrémité. Nous avons ensuite accroché chaque fil sur une branche préalablement peinte en blanc en faisant un double tour autour du bois. Pour finir, nous avons enroulé deux morceaux de fil de fer à chaque extrémité de la branche avant de les vriller pour former une boucle permettant d'accrocher notre décoration sur le mur.

DÉCORATION POUR PLANTES GRASSES

Nous avons voulu offrir à chacune de nos invitées
une petite plante grasse en souvenir de notre journée
inoubliable. Nous avons enroulé un beau papier autour
du pot et l'avons fixé à l'aide d'un morceau de ficelle.

CŒUR DE LA NATURE

Ici, nous avons récupéré quelques branches chez notre fleuriste,
que nous avons soigneusement pliées afin d'obtenir un ravissant
cœur. Nous avons ensuite noué de la ficelle en jute autour des
extrémités des branches et avons décoré le cœur avec quelques
brins d'eucalyptus et d'une plante appelée souffle de bébé,
également connue sous le nom de brouillard.

1. Coupez 15 cm de ficelle et enfilez-y de grosses perles en bois. Nouez les extrémités pour former le rond. Vous pouvez peindre l'une des perles d'une autre couleur, nous avons choisi le blanc.

2. Enroulez soigneusement un fil de laine de gros calibre autour de la serviette avant d'y glisser un brin d'eucalyptus, de romarin ou de sauge.

3. Coupez deux morceaux de 15 cm de corde naturelle puis rassemblez-les et attachez-les ensemble en nouant leurs extrémités. Tressez ensuite les deux morceaux de corde puis attachez le bout de la tresse avec de la ficelle. Faites chevaucher les deux extrémités de la tresse pour former votre rond de serviette et nouez la ficelle autour. Pensez à ajuster la longueur de vos ficelles en fonction de la taille de vos serviettes.

4. Attachez simplement un morceau de ficelle en cuir autour de votre serviette. Nous avons enroulé notre ficelle en cuir plusieurs fois autour de la serviette avant de l'attacher avec un nœud simple.

5. Prenez le tube en carton de votre essuie-tout et découpez des ronds de 5 cm d'épaisseur. Fixez ensuite un morceau de ficelle en jute naturel dans la partie intérieure du rond avec un peu de colle extraforte puis enroulez la ficelle tout autour du rond cartonné pour le recouvrir entièrement. Fixez l'autre extrémité de la ficelle à l'aide d'une pointe de colle extraforte (toujours à l'intérieur du rond) et décorez votre rond de serviette avec une fleur naturelle, en tissu ou en plastique.

6. En suivant le même principe, fixez une belle feuille verte sur votre rond de serviette en l'attachant avec un morceau de la même ficelle en jute naturel que vous avez utilisée pour recouvrir le rond cartonné.

À QUI EST CE VERRE ?

Écrivez le prénom de chaque convive sur une étiquette que vous nouez autour du pied du verre avec de la ficelle pour qu'il n'y ait pas de confusion.

Frais & moderne

CE STYLE DE DÉCO COOL ET APAISANT, AVEC DES LIGNES PURES ET FONCTIONNELLES, NE SERAIT PAS CE QU'IL EST SANS UNE TOUCHE DE GLAMOUR OU UN SOUPÇON DE DRAME. C'EST LE CHOIX IDÉAL POUR UN REPAS DÉCONTRACTÉ AVEC VOS PROCHES. QUELQUES PLANTES TROPICALES, DES BABIOLES DORÉES, DES MOTIFS GÉOMÉTRIQUES... ET LE TOUR EST JOUÉ !

CE QUI NOUS A INSPIRÉES... Palm Springs, la déco des années 1950, des imprimés osés, les plantes vertes et les objets de déco en métal. On adore toutes les deux Los Angeles et on voulait donc recréer l'ambiance de cette merveilleuse ville dans notre salle à manger. Dans ce chapitre, nous allons vous expliquer comment personnaliser rapidement et simplement des objets de déco classiques comme, par exemple, les serviettes blanches ou les photophores.

LA SAISON IDÉALE
L'ÉTÉ, LE DÉBUT DE L'AUTOMNE
OU L'HIVER

À QUELLE OCCASION ?
UNE SOIRÉE COCKTAIL, LE NOUVEL
AN, UNE SOIRÉE TÉLÉ POUR
LA REMISE DES OSCARS, UN
ANNIVERSAIRE

LES COULEURS
NOIR, BLANC, VERT, DIFFÉRENTES
NUANCES DE MARRON, DORÉ,
ORANGE ET QUELQUES TOUCHES
DE PÊCHE

LES MOTIFS
GÉOMÉTRIQUES OSÉS ET FEUILLES

LE MATÉRIEL NÉCESSAIRE
TILLANDSIAS OU « FILLES DE L'AIR »
PLANTES GRASSES
PLANCHES À DÉCOUPER EN BOIS
ACCESSOIRES EN TECK
FAUX PHILODENDRONS
ACCESSOIRES DORÉS
ACCESSOIRES NOIR MAT
MARBRE
FLEURS TROPICALES

LA PLAYLIST
MOBY : PORCELAIN
DISCLOSURE (FEAT. SAM SMITH) : LATCH
THE ANTLERS : FRENCH EXIT
THE TEMPER TRAP : SWEET DISPOSITION
EL PERRO DEL MAR : CHANGE OF HEART
MR LITTLE JEANS : RESCUE SONG
   (RAC REMIX)
TOUCH SENSITIVE : PIZZA GUY

UNE TOUCHE DE VERT DANS LES VERRES

Misez tout sur un seul cocktail. Ainsi, vos convives pourront personnaliser leur boisson en l'agrémentant d'un brin de romarin, de menthe ou encore d'une tranche de citron vert ou de concombre.

GUIRLANDE EN OR

Nous voulions une guirlande qui fasse tout de même « adulte ». Nous avons donc plié des bandes de papier doré sur une ficelle, dorée elle aussi, avant de coller les extrémités des bandes l'une contre l'autre afin qu'elles restent en place.

DESSUS DE TABLE MODERNE

Si la surface de votre table ne craint pas les miettes et les taches, comme c'est le cas du dessus de table en marbre sur la photo, ne vous encombrez pas d'une nappe. Servez l'apéro ou le dîner directement sur la table, cela fait moins formel et donc plus détendu.

BALLONS À POIS

Nous avons décoré quelques ballons noirs avec des autocollants ronds dorés que nous avons trouvés dans une papeterie.

DES MARQUE-PLACES 100 % NATURELS

Inscrivez les noms de vos convives au feutre doré sur une belle feuille verte puis déposez cette dernière au milieu de l'assiette.

Pensez à une association de couleurs osée – du rose fuchsia, du noir mat, du doré et différentes nuances de vert – pour UNE FÊTE D'ÉTÉ CHIC ET CHOC. Nous avons voulu créer une décoration cohérente dans toutes les pièces, intérieures et extérieures. Un bar improvisé, afin que les invités puissent se servir eux-mêmes, et quelques petits amuse-bouches pour les faire patienter avant le repas contribuent à l'ambiance relaxante de la soirée.

COMME EN COURS DE SCIENCE...

Nous avons fabriqué ce panneau original, qui nous rappelle un peu ceux affichés en cours de SVT, en collant deux chevilles en bois peintes en noir le long des deux extrémités les plus courtes d'une grande feuille cartonnée. À l'aide de deux punaises, nous avons ensuite fixé une ficelle aux extrémités de la cheville du haut afin de pouvoir accrocher le panneau au mur. Enfin, nous avons collé dessus des feuilles de faux philodendron avec un pistolet à colle afin de pouvoir les remplacer le moment venu.

PAPIER CADEAU À FEUILLES

Fabriquez votre propre papier cadeau en prenant une photo d'une ou plusieurs feuilles sur un fond blanc avant de l'imprimer. Cette astuce est idéale pour les cadeaux de petite taille. Pour les présents plus volumineux, vous pouvez envoyer votre photo à une société d'impression en ligne qui pourra l'imprimer sur un support plus grand ou même directement sur un rouleau de papier spécialement conçu pour emballer les cadeaux.

CYLINDRES ET FEUILLES

Remplissez un vase transparent cylindrique d'eau puis plongez-y une belle feuille bien verte. Bien sûr, veillez à changer régulièrement l'eau afin que l'on puisse toujours voir correctement la feuille.

UN ACCUEIL ZEN

Quelques feuilles disposées dans plusieurs petits vases égaieront votre couloir d'entrée ainsi que vos invités dès leur arrivée.

LE COIN TUTO
BOUGEOIRS PARÉS D'OR

VOICI UNE IDÉE SIMPLE ET RAPIDE POUR DÉTOURNER DES VASES TRANSPARENTS CYLINDRIQUES EN DE RAVISSANTS BOUGEOIRS, PARFAITS POUR VOTRE FÊTE. ILS PRODUISENT ENCORE PLUS D'EFFET À PLUSIEURS ET LES POSSIBILITÉS POUR LES DÉCORER SONT LITTÉRALEMENT INFINIES ! POSEZ VOS BOUGEOIRS AU CENTRE DE VOTRE TABLE À MANGER, SUR UN COIN DU BUFFET OU SUR LA CHEMINÉE, ILS NE PASSERONT PAS INAPERÇUS.

VOUS AUREZ BESOIN...

de ruban adhésif en papier washi (appelé aussi ruban adhésif en papier de riz), d'un pinceau, d'un feutre pour verre doré, de peinture acrylique dorée, de vases (ou bougeoirs) transparents cylindriques et de bougies.

1.

2.

3.

4.

5.

5. Répétez l'opération sur plusieurs autres vases de tailles différentes, avec d'autres motifs. Attention, évitez le contact des bougeoirs avec l'eau.

3. Retirez soigneusement les bandes de ruban adhésif.

4. Si nécessaire, servez-vous du feutre pour verre pour retoucher le dessin.

1. Choisissez le dessin que vous voulez reproduire puis collez des bandes de ruban adhésif en papier de riz pour délimiter les zones à peindre.

2. Peignez les zones à peindre avec la peinture dorée puis laissez sécher avant d'ajouter une deuxième, voire même une troisième couche, en fonction de l'intensité de couleur souhaitée.

6 façons de...
FABRIQUER DES MARQUE-PLACES

1. Imprimez les prénoms de vos convives sur de petits cartons décorés à la peinture dorée. Posez-les sur les assiettes. Placez sur chacun un petit cube de bois recouvert d'adhésif.

2. Imprimez les prénoms sur une seule feuille. Décorez-la avec des tampons faits avec des plaques de mousse adhésive. Découpez pour obtenir de petites cartes de même taille.

1

2

3

4

3. Imprimez les prénoms de vos convives sur une feuille puis découpez celle-ci en cartes. Disposez-les au centre des assiettes puis posez dessus un cube en bois sur lequel vous aurez préalablement peint des formes géométriques simples. Vous pourrez, bien sûr, réutiliser ces cubes à tout moment.

4. Utilisez les tubes en métal que vous trouverez dans le rayon dédié aux apprêts nécessaires à la fabrication de bijoux du magasin de loisirs créatifs pour ajouter une touche d'originalité à votre marque-place. Appliquez une pointe de colle sur une tige de camélia puis insérez-la dans le tube. Placez ensuite le tube sur la bande de papier sur laquelle est inscrit le prénom de votre convive.

5. Peignez en or mat des répliques en plastique de pierres précieuses puis collez-les sur un petit carton tout simple portant le prénom de votre invité que vous placerez ensuite sur l'assiette. Vous trouverez les répliques de pierres précieuses dans les magasins de loisirs créatifs.

6. Imprimez le prénom de chaque invité sur un rectangle de feuille blanche que vous pliez. Peignez quelques pailles en doré afin de leur donner l'aspect d'un tube métallique. Créez une fente sur toute la longueur des pailles afin de pouvoir les glisser sur les deux extrémités du marque-place sur lesquelles vous aurez préalablement appliqué une touche de colle. Simple, rapide et moderne !

5

6

AMÉNAGER UN COIN BAR

COMMENT FAIRE ?
QU'ACHETER ?
PAS DE PANIQUE,
ON VOUS DIT TOUT !

VOUS AUREZ BESOIN...

1. d'un bar à roulettes ou d'une petite table ;

2. d'un livre de recettes de cocktails ;

3. d'un ouvre-bouteille ;

4. d'agitateurs à cocktail ;

5. de verres, petits et grands (vous pouvez installer des verres à vin ou des coupes à champagne, mais ils risquent de prendre beaucoup de place. Pourquoi ne pas plutôt boire du vin dans un verre à shot ?) ;

6. d'un bac et d'une pince à glaçons ;

7. d'un shaker ;

8. de bouteilles de tonic, de soda et de *bitters* à cocktails ;

9. de vos bouteilles de whisky et de bourbon (etc.) préférées ;

10. d'un bol et de citrons jaunes et verts ;

11. d'une planche à découper et d'un petit couteau ;

12. de pailles fantaisie ;

13. de petites serviettes à cocktail en papier ;

14. d'un petit bouquet de fleurs ou de feuilles (une protea ou une feuille de palmier, par exemple) pour décorer.

Pure & simple

UNE FÊTE OÙ SIMPLICITÉ RIME AVEC GÉNÉROSITÉ, OÙ L'AMOUR FLOTTE DANS L'AIR ET OÙ LES FRUITS ET LES FLEURS DE SAISON SONT À L'HONNEUR. SUR LA TABLE, LES ASSIETTES ET LES PLATEAUX DÉPAREILLÉS QUE VOUS AVEZ CHINÉS EN BROCANTE CÔTOIENT LES COUVERTS VINTAGE, LE TOUT DRESSÉ SUR UNE MAGNIFIQUE NAPPE AVEC SES SERVIETTES. LE PICHET D'EAU INFUSÉE AUX FRUITS, POSÉ SUR LE BAR, EST UN RÉGAL POUR LES PAPILLES COMME POUR LES YEUX. CETTE DÉCO EST PARFAITE POUR CÉLÉBRER UNE FÊTE QUI MET À L'HONNEUR LES PRODUITS FAITS MAISON, CEUX DE VOTRE POTAGER OU DES PRODUCTEURS LOCAUX.

CE QUI NOUS A INSPIRÉES... Les tabliers en lin, les rouleaux de papier kraft, la couleur des poires bien croquantes, le bois couleur caramel, les écritures à la plume, le jus de canneberges, les motifs vintage sur les nappes et les serviettes, les guirlandes lumineuses qui brillent dans la nuit et l'excitation à l'idée de retrouver ses amis et ses proches autour d'un bon repas.

LA SAISON IDÉALE
LA FIN DE L'ÉTÉ OU L'AUTOMNE

À QUELLE OCCASION ?
LA FÊTE DES VENDANGES,
UN ANNIVERSAIRE

LES COULEURS
VERT, CRÈME, VIOLET, JAUNE

LES MOTIFS
VINTAGE SOBRE

LE MATÉRIEL NÉCESSAIRE
PORCELAINE & COUVERTS VINTAGE
BAIES & FRUITS D'AUTOMNE
PAPIER KRAFT
LINGE DE MAISON
NAKED CAKE (UN GÂTEAU NON
COUVERT, NI DE PÂTE À SUCRE
NI DE CRÈME)
POTERIE RUSTIQUE
BRINS DE ROMARIN
EAU INFUSÉE
CONFITURES MAISON

LA PLAYLIST
RAY LAMONTAGNE & THE PARIAH
   DOGS : FOR THE SUMMER
ANGUS & JULIA STONE : BIG JET PLANE
GARY JULES : WICHITA
RUSTED ROOT : SEND ME ON MY WAY
BON IVER : PERTH
IRON & WINE : NAKED AS WE CAME
BEN HOWARD : OLD PINE
ALEXI MURDOCH : ALL MY DAYS
BOY & BEAR : FALL AT YOUR FEET
BAHAMAS : LOST IN THE LIGHT
LISA HANNIGAN : LILLE

CETTE ÉLÉGANTE TABLE POUR SIX PERSONNES est mise en valeur par un dressage à la fois basique et détaillé. Pas question d'en faire trop, ce repas est un peu comme un vrai retour aux sources et aux choses simples. Nous avons préparé des brins d'herbes fraîches pour sublimer les boissons. À côté de chaque assiette, un petit pot de confiture maison ravira les invités ; ils pourront le ramener chez eux, en souvenir de cette belle soirée.

Nous avons disposé des sets de table en lin **BIOLOGIQUE** beige sur une nappe blanche afin de donner à la table un air chaleureux et convivial.

Nous avons décidé de régaler nos convives avec une boisson rafraîchissante à base de sirop de canneberges **FAIT MAISON**. Pour décorer, nous avons enfilé quelques baies de myrtilles sur une pique. Nous l'avons posée sur le verre dans lequel nous avons glissé un brin de romarin.

Le mélange de **BOUTEILLES** et de vases confère à la table une touche de déco simple et apaisante.

Les couverts **VINTAGE** dépareillés sont un petit plus original.

UNE TOUCHE FRUITÉE

Nous avons acheté une génoise à la boulangerie pour la garnir d'un peu de crème fouettée, de fruits des bois frais et de quelques fleurs comestibles avant de saupoudrer le tout d'un peu de sucre glace.

EAUX INFUSÉES AUX FRUITS

En plus d'être excellente pour la santé parce que nettement moins sucrée que les boissons industrielles, l'eau infusée aux fruits est également délicieuse et facile à préparer. N'hésitez pas à mélanger les fruits avec de la menthe ou avec un peu de coriandre. Les bâtonnets de cannelle et les gousses de vanille s'accordent aussi divinement bien avec les fruits.

ÉCRIT À LA MAIN

Pourquoi ne pas transformer votre menu en un ravissant panneau à accrocher au mur ? Enroulez les deux extrémités les plus courtes d'un papier kraft autour d'une branche sur laquelle vous aurez préalablement appliqué de la colle. Collez ensuite un peu de verdure sur la partie haute du menu pour le décorer. Pour finir, nouez chaque extrémité d'une ficelle à la branche du haut pour pouvoir accrocher votre chef-d'œuvre au mur.

CORDE À LINGE DÉTOURNÉE

Fixez une corde en coton sur le mur à l'aide d'épingles ou de punaises. Accrochez-y des petits brins de différentes herbes ou des fleurs en vous servant de petites pinces à linge. Cette décoration simple et naturelle n'est pas chère à réaliser et créera une ambiance sereine dans votre salle à manger.

6 façons de...
DRESSER LA TABLE

1. Nous avons découpé des bandes de ruban en dentelle et les avons disposées afin de créer un set de table en trompe-l'œil. Sur l'assiette se trouvent une serviette pliée, un dessous de verre en papier blanc, puis un ruban blanc portant un message inscrit au feutre marron, le tout agrémenté de quelques brins de verdure. Le menu, dont une partie reste visible pour créer un contraste avec le blanc de la nappe, est glissé sous la serviette. Des moules à tartelettes font office de photophores. Des fleurs et des brins d'herbe jonchent la nappe.

2. Nous avons fabriqué des couronnes de verdure avec du fil de fer et des brindilles. La couronne est disposée dans l'assiette,

accompagnée d'une bougie ornée d'un morceau de ruban et d'une étiquette portant un message (« Fais un vœu. »). La table a été décorée avec du ruban et des pétales de marguerites. De petites couronnes de verdure embellissent des bougies que nous avons disposées sur un plateau.

3. Une assiette creuse en forme de fleur a été posée sur une sous-assiette dans les mêmes tons. Nous avons déposé un joli dahlia au centre de l'assiette creuse. Un chemin de table rose apporte une touche colorée à l'ensemble. Nous avons placé une petite bougie portant une étiquette avec un message de bienvenue à côté de l'assiette. L'étiquette a été percée puis accrochée sur la mèche.

1

2

3

4

5

6

4. Pour ce dressage, nous avons mélangé plusieurs tissus afin de rendre la table plus accueillante. La serviette se trouve sous l'assiette sur laquelle nous avons disposé les couverts attachés avec un ruban. À côté de chaque assiette se trouvent une liste intitulée « *Je suis reconnaissant(e) pour…* » et un crayon. Un mini-vase rempli de brins de verdure est placé sur la liste. Le verre à vin sert de marque-place : un premier ruban de dentelle est posé sur le verre, suivi d'un second plus petit portant le nom de l'invité. Nous avons créé un effet Polka Dot en disposant des cercles, réalisés avec une perforatrice, sur la table. De petits moules en métal servent de bougeoirs et sont assortis aux couleurs de la table.

5. Autre idée originale : décorer l'assiette de l'invitée d'honneur avec une jolie couronne de fleurs. Lorsque vous passerez à table, la personne pourra mettre la couronne sur sa tête ou l'accrocher sur le dossier de sa chaise et, bien sûr, repartira avec. Utilisez deux chemins de table de couleurs différentes (ici, blanc et rose clair) pour créer une nappe. Choisissez une couleur plus foncée pour les serviettes afin de faire ressortir la nappe. Posez les couverts sur la serviette et enroulez une ficelle autour sans l'attacher. Laissez un message personnel adressé à la reine de la soirée dans une petite assiette placée en haut à gauche.

6. Rédigez le menu sur une feuille blanche, roulez-la et nouez avec une ficelle. De fines branches de verdure décorent l'intérieur des bougeoirs/vases ainsi que le centre de l'assiette. La branche disposée dans l'assiette porte une étiquette avec le prénom de l'invitée. Des fioles contenant des brins de verdure et une petite fleur sont offertes en cadeau à nos convives.

LE COIN TUTO
DESSOUS-DE-PLAT TRESSÉ

CE PETIT DESSOUS-DE-PLAT RÉALISÉ PAR VOS SOINS APPORTERA UNE TOUCHE EN PLUS À VOTRE TABLE BASSE ET NE MANQUERA PAS D'ÉPATER VOS CONVIVES AUTOUR D'UN BON THÉ OU CAFÉ. N'HÉSITEZ PAS À VOUS SERVIR DES CHUTES DE VOS TISSUS PRÉFÉRÉS POUR LE FABRIQUER.

VOUS AUREZ BESOIN...
d'un cadre en bois (le nôtre est carré, 25 cm x 25 cm), de chutes de tissus, de clous et d'un marteau.

1. Plantez 14 clous sur deux côtés opposés du cadre.

2. Nouez l'extrémité d'une chute de tissu sur le premier clou de l'un des deux côtés.

3. Passez la chute de tissu autour de chaque tête de clou, de haut en bas, jusqu'au dernier clou.

4. Lorsque vous arrivez au dernier clou qui se trouve du côté opposé au premier, nouez la chute de tissu autour de celui-ci et coupez le surplus si nécessaire.

5. Vous pouvez désormais commencer à tisser horizontalement à travers la chute déjà posée. Nous avons choisi d'alterner des chutes de tissus de couleurs différentes. Nouez l'extrémité de l'une des chutes autour du dernier clou utilisé puis tissez la chute en passant alternativement sur puis sous la première chute. Lorsque vous arrivez au bord du cadre, retournez celui-ci et faites la même chose dans le sens inverse, en alternant toujours un passage sur, puis sous la première chute.

6. Une fois le tissage terminé, retirez soigneusement votre dessous-de-plat des clous, retournez-le puis nouez bien toutes les extrémités les unes aux autres avant de couper le tissu qui dépasse.

joyeux & coloré

UN MIX DE COULEURS VIBRANTES SUR UN JOLI FOND BLANC POUR CÉLÉBRER UN ANNIVERSAIRE ; PARFAIT, NON ? UNE BELLE GUIRLANDE EN PAPIER AGRÉMENTÉE DE SERPENTINS ET DE DÉCORATIONS EN PAPIER CRÉPON ET LES SALADIERS REMPLIS DE SUCRERIES DONNENT LE TON À LA FÊTE. LAISSEZ-VOUS ALLER... OPTEZ POUR UN TRAITEUR, OUBLIEZ VOS PROBLÈMES ET FAITES VIREVOLTER LES CONFETTIS MULTICOLORES DANS LES AIRS EN CHANTANT « JOYEUX ANNIVERSAIRE ».

CE QUI NOUS A INSPIRÉES... Les couleurs flashy assorties aux tons menthe et pêche, de la vaisselle colorée bien rangée sur une étagère blanche, du papier crépon enroulé autour des vases et des pieds des présentoirs à gâteaux, une guirlande en papier bleu piscine en nid d'abeille, les magasins de bonbons qui regorgent de sucreries de toutes les couleurs, les couverts dont les manches ont été enveloppés par des rubans fantaisie et des chutes de tissus, et les agitateurs à cocktail qui rendent les verres encore plus cool !

LA SAISON IDÉALE
LE PRINTEMPS, L'ÉTÉ OU L'HIVER

À QUELLE OCCASION ?
UN ANNIVERSAIRE, UNE REMISE DE
DIPLÔME, UNE BABY SHOWER, UN BRUNCH

LES COULEURS
ROUGE, JAUNE CITRON, BLEU JEAN,
VERT MENTHE, PÊCHE, BLANC ET UNE
TOUCHE DE TURQUOISE

LES MOTIFS
FLORAUX, VICHY, POLKA DOTS, MOTIFS
GÉOMÉTRIQUES SIMPLES

LE MATÉRIEL NÉCESSAIRE
RUBAN ADHÉSIF EN PAPIER WASHI (APPELÉ
  AUSSI RUBAN ADHÉSIF EN PAPIER DE RIZ)
BOUGIES FINES POUR GÂTEAUX
  D'ANNIVERSAIRE
GUIRLANDES EN PAPIER
SACHETS TRANSPARENTS
CÔNES EN PAPIER
POMPONS DE TOUTES LES COULEURS
CONFETTIS
COUVERTS EN PLASTIQUE ROUGE VIF
GUIRLANDES DE RUBANS
PAPIER CRÉPON
TUBES À BONBONS

LA PLAYLIST
CARLY RAE JEPSEN : RUN AWAY WITH ME
INGRID MICHAELSON : THE WAY I AM
FEIST : 1234
TAYLOR SWIFT : STYLE
HAIM : FALLING
KEHLANI (FEAT. COUCHERON) : ALIVE
HAILEE STEINFELD : LOVE MYSELF
ELLIE GOULDING : ANYTHING COULD
  HAPPEN
ROBYN : CALL YOUR GIRLFRIEND

Vous avez une amie qui a su préserver son âme d'enfant ? VOICI LA DÉCO PARFAITE POUR SA FÊTE D'ANNIVERSAIRE ! Nous sommes également retombées en enfance en mettant en place cette décoration essentiellement composée d'accessoires farfelus et jamais démodés qui ont apporté tant de joie à nos fêtes d'anniversaire passées.

JEU DE COULEURS

Utilisez une grande sous-assiette et du ruban adhésif en papier washi pour fabriquer un set de table original. Nouez ensuite une chute de tissu autour des couverts puis posez-les sur la serviette, dans l'assiette.

DRAPEAU DE VERRE

Collez un morceau de tissu à l'extrémité d'un bâtonnet à sucette ou à barbe à papa pour décorer les boissons des convives. Vous trouverez ces bâtons dans les boutiques d'ustensiles de cuisine.

EFFET POLKA DOT INSTANTANÉ

Fabriquer un pochoir et décorer une nappe ou un chemin de table en papier en quelques coups de pinceau, en voilà une idée efficace et pas chère ! Variez les couleurs et les tailles des ronds puis éparpillez des confettis sur la nappe pour obtenir un jeu de couleurs et de matières intéressant.

POCHETTE SURPRISE

Glissez quelques friandises dans un sachet en papier cristal, pliez le haut du sachet puis décorez-le avec un petit pompon que vous collez.

L'ARBRE À CADEAUX

Décorez quelques branches avec
un peu de peinture blanche et
des pompons, disposez-les dans
un vase puis suspendez-y de
petits cadeaux que vos invités
pourront rapporter chez eux.

Enveloppez de petites boîtes d'allumettes à décorer dans de jolis papiers imprimés puis remplissez-les de friandises. Vous pouvez facilement trouver ces boîtes dans les magasins de loisirs créatifs.

DEVINE COMBIEN...

Ce jeu est idéal pour les anniversaires ou une *baby shower*. Remplissez un joli bocal de bonbons (pensez à les compter avant !) et posez-le sur la table. L'invité qui se rapproche le plus du nombre de bonbons exact gagnera un petit cadeau. C'est encore mieux si les couleurs des friandises sont assorties à celles de la déco !

DÉCORATIONS EN PAPIER

Une mini-guirlande faite avec une simple ficelle et de petits rectangles de papier, des éventails de papier derrière lesquels pendent des serpentins de ruban et de papier crépon, c'est *la* combinaison gagnante !

WRAPS À VASES

Enveloppez une bouteille dans du papier crépon et fixez ce dernier avec des autocollants fantaisie pour obtenir un vase en accord avec votre thème. Vous pouvez enrouler un ruban autour des tiges des fleurs pour donner encore plus de cachet à l'ensemble.

TUBES GOURMANDS

Remplissez des tubes à bonbons avec… des bonbons, justement, pour les offrir aux invités. Optez pour des bonbons d'une seule et même couleur, en accord avec le thème, pour un effet visuel encore plus fort.

LE GÂTEAU REPENSÉ

Pourquoi ne pas décorer votre présentoir à gâteau ? Ici, nous avons posé un présentoir sur un autre avant de décorer les bords avec du papier crépon. Nous avons recouvert le gâteau d'un glaçage blanc, de quelques friandises et de bougies d'une seule et même couleur.

CÔNES À FRIANDISES

Découpez un disque dans une feuille en papier cartonné puis divisez-le en quatre formes triangulaires. Pliez chaque triangle en faisant en sorte que les deux extrémités se chevauchent légèrement et collez-les ensemble. Décorez les cônes avec des rubans, des paillettes, des confettis, des pompons… bref, avec tout ce dont vous avez envie ! À l'aide d'une perforatrice, percez deux trous dans les cônes, à environ 0,5 cm du bord. Glissez l'extrémité d'un ruban dans chaque trou, vers l'intérieur, puis faites plusieurs nœuds. Accrochez vos cônes au mur avec des punaises (assurez-vous qu'elles sont bien enfoncées dans le mur) et remplissez-les de friandises, de marshmallows par exemple !

LE COIN BAR

Aménagez un coin bar avec une table et quelques lettres en papier cartonné accrochées au-dessus. Pour garder vos bouteilles au frais, remplissez plusieurs ballons d'eau, réservez-les au congélateur quelques heures puis placez-les dans un grand saladier transparent qui fera office de seau à glace.

6 façons de...
FABRIQUER DES AGITATEURS À COCKTAIL

1. Enfilez des framboises (ou autres fruits des bois) sur un brin de menthe. C'est une solution parfaite pour utiliser la menthe un peu trop haute qui pousse dans votre jardin ou dans un pot.

2. Attachez un ruban à l'extrémité d'un bâton de barbe à papa ou d'une pique à brochette. Efficace et élégant !

3. Fabriquez une petite banderole, comme sur la photo, sur laquelle vous écrivez « santé » à l'aide d'un feutre blanc. Collez-la à l'extrémité d'un bâton de barbe à papa ou d'une pique à brochette.

4. Enfilez des fruits variés sur des piques à brochette. Ici, nous avons terminé par un raisin afin qu'il maintienne bien le reste des fruits et les empêche de glisser dans la boisson.

5. Enfilez plusieurs grosses perles sur un bâton de barbe à papa ou une pique à brochette en appliquant une pointe de colle sur la partie intérieure de la dernière perle afin qu'elle maintienne les autres en place. Collez un joli cœur en papier à l'extrémité de l'agitateur. Ne plongez surtout pas les perles dans la boisson, n'oubliez pas qu'elles ne sont pas comestibles !

6. Faites un trou dans une boule de chewing-gum puis fixez cette dernière sur un bâton de barbe à papa ou une pique à brochette que vous plongez dans la boisson.

ABAT-JOUR HAUT EN COULEUR

VOTRE DÉCO DOIT ÊTRE COLORÉE DU SOL AU PLAFOND, C'EST POURQUOI NOUS VOUS PROPOSONS DE FABRIQUER CET ABAT-JOUR QUI SERA, LE TEMPS DE LA FÊTE, LA PIÈCE MAÎTRESSE DE VOTRE SALON. LE MATÉRIEL NÉCESSAIRE ÉTANT PEU COÛTEUX, VOUS POUVEZ EN FABRIQUER PLUSIEURS ET LES ACCROCHER AU-DESSUS DE VOTRE TABLE À MANGER EN LES ESPAÇANT RÉGULIÈREMENT. SINON, FABRIQUEZ-EN UN SEUL ET SUSPENDEZ-Y UNE BOULE À FACETTES POUR UNE AMBIANCE DISCO !

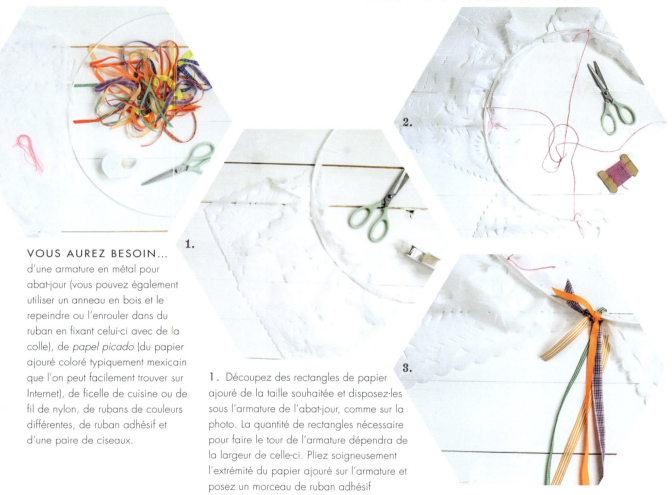

VOUS AUREZ BESOIN...

d'une armature en métal pour abat-jour (vous pouvez également utiliser un anneau en bois et le repeindre ou l'enrouler dans du ruban en fixant celui-ci avec de la colle), de *papel picado* (du papier ajouré coloré typiquement mexicain que l'on peut facilement trouver sur Internet), de ficelle de cuisine ou de fil de nylon, de rubans de couleurs différentes, de ruban adhésif et d'une paire de ciseaux.

1. Découpez des rectangles de papier ajouré de la taille souhaitée et disposez-les sous l'armature de l'abat-jour, comme sur la photo. La quantité de rectangles nécessaire pour faire le tour de l'armature dépendra de la largeur de celle-ci. Pliez soigneusement l'extrémité du papier ajouré sur l'armature et posez un morceau de ruban adhésif au centre, à droite et à gauche. Assurez-vous que le rectangle de papier pend uniformément de l'armature et qu'il n'est froissé à aucun endroit.

2. Répétez l'étape 1 jusqu'à ce que vous ayez fait le tour de l'armature. Attachez quatre morceaux de ficelle ou de fil de nylon sur l'armature pour suspendre l'abat-jour puis rassemblez les extrémités des fils bien au centre de l'armature avant de faire un nœud.

3. Attachez plusieurs rubans sur l'armature, entre chaque rectangle de papier, puis suspendez l'abat-jour au plafond pour voir s'il vous convient tel qu'il est ou si vous souhaitez ajouter quelques rubans supplémentaires.

Remarque : veillez à disposer les rubans de façon uniforme sur l'armature afin que l'abat-jour ne penche pas davantage d'un côté à cause du poids.

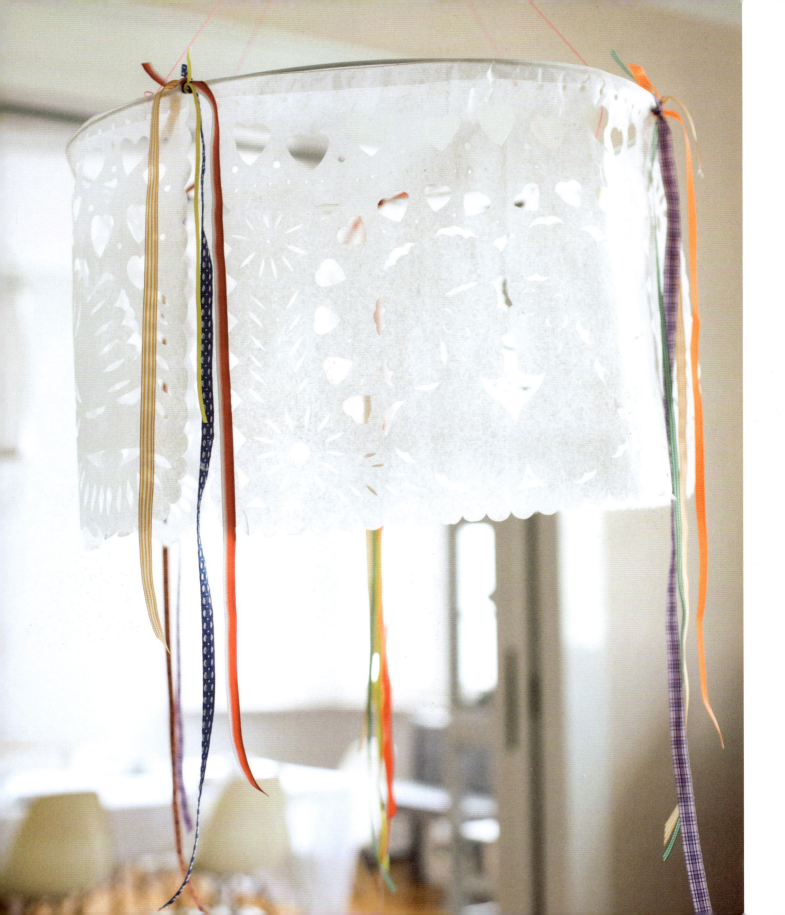

Chaleureux & cosy

C'EST UNE DÉCO QUI DONNE ENVIE DE S'ATTARDER CHEZ VOUS UN PETIT MOMENT... LES MOTIFS FLORAUX ET GÉOMÉTRIQUES, LES RUBANS DE VELOURS, LE FIL DE CUIVRE ET LES BOUGEOIRS EN CIMENT S'ACCORDENT À LA PERFECTION. DE BELLES FLEURS DE SAISON, ACHETÉES CHEZ VOTRE FLEURISTE, APPORTENT UN PETIT PLUS À VOTRE BALCON OU VOTRE TERRASSE. C'EST L'AMBIANCE RÊVÉE POUR UNE DÉGUSTATION DE VIN ET DE CHOCOLAT, OU DE WHISKY, POUR UNE PENDAISON DE CRÉMAILLÈRE OU POUR FÊTER LES VENDANGES.

CE QUI NOUS A INSPIRÉES... Le papier florentin traditionnel du magasin d'art, des babioles aux couleurs sobres chinées au magasin vintage, les intérieurs des maisons de campagne, le temps en automne, le bouquet de dahlias couleur cerise et de séneçon cinéraire qu'on a vu chez le fleuriste, notre amour pour le chocolat et le bon vin, une collection de couverts noir mat, une longue réflexion sur la manière d'utiliser toutes les pailles qu'il nous reste de notre dernière fête (la réponse se trouve dans le chapitre « Le coin tuto ») et notre magasin de rubans préféré qui se trouve en Allemagne.

LA SAISON IDÉALE
L'AUTOMNE

À QUELLE OCCASION ?
UNE PENDAISON DE CRÉMAILLÈRE,
UNE DÉGUSTATION DE VIN OU
DE WHISKY, UN ANNIVERSAIRE,
LA FÊTE DES PÈRES

LES COULEURS
TERRACOTTA, VIOLET, NOIR,
BLEU FONCÉ, VERT ÉMERAUDE,
ROUILLE, CUIVRE, BLEU JEAN
CLAIR, CRÈME, CITRON VERT,
BEIGE, SAUMON FONCÉ, BLEU
CANARD

LES MOTIFS
FLORENTIN TRADITIONNEL,
FLORAUX ET GÉOMÉTRIQUES
MODERNES, PAPIER PEINT
HORNBEAM (DE LA MARQUE
FARROW & BALL) METTANT EN
SCÈNE DES HAIES TYPIQUES DES
CAMPAGNES BRITANNIQUES

LE MATÉRIEL NÉCESSAIRE
PAPIER IMPRIMÉ
VIEUX BOIS
RUBANS DE VELOURS
GUIRLANDES D'ANNEAUX EN PAPIER
PENDELOQUES EN DIAMANT
FIL DE CUIVRE ET FEUTRE DORÉ
VASES PEINTS À LA MAIN
BOUTEILLES DE BON VIN
DAHLIAS
TABLETTES DE CHOCOLAT EMBALLÉES
BOUQUETS DE FLEURS ET
  BOUTONNIÈRES

LA PLAYLIST
AMY WINEHOUSE : ME & MR. JONES
JANET JACKSON : CAN'T BE GOOD
THE SAINT JOHNS : OPEN WATER
JARRYD JAMES : THIS TIME
MARY J. BLIGE : THERAPY
MATT GRESHAM : WHISKEY
AMANDA JENSSEN : THE END
LANA DEL REY : WEST COAST

Pour fêter les fiançailles de nos amis, nous avons placé la soirée sous le signe DU VIN ET DU CHOCOLAT et avons transformé le salon en salle à manger. Si vous invitez régulièrement du monde à la maison et que vous n'avez pas de salle à manger à proprement parler, trouvez un système D rapide et efficace pour créer un espace agréable et accueillant pour vos invités. Investissez dans une console ou une table pliante (la nôtre se glisse sous le lit) et quelques chaises pliantes en plus de celles que vous avez déjà et le tour est joué !

CENTRE DE TABLE ÉCLECTIQUE

Collez ensemble plusieurs feuilles de papier imprimé de format A4 pour former un centre de table original.

MESSAGE PERSONNALISÉ

Prenez une feuille vierge, du fil de fer et une paire de ciseaux. Écrivez le prénom de votre choix sur la feuille puis tordez le fil de fer en suivant la ligne des lettres tracées sur le support. Chaque prénom vous prendra quelques minutes tout au plus à réaliser et vos invités apprécieront cette touche pour le moins originale du dressage de votre table.

JEU DE TEXTURES ET DE COULEURS

Des couverts noir mat s'harmoniseront parfaitement avec les autres couleurs de votre table, surtout si vous les rassemblez et les attachez ensemble avec un joli ruban avant de les poser sur un coin de l'assiette.

VASES HABILLÉS

Ces vases transparents simples sont peints avec de la peinture acrylique bleu pétrole. Une fois la fête terminée, vous pouvez plonger les vases dans l'évier rempli d'eau chaude additionnée de quelques gouttes de produit vaisselle. Laissez tremper cinq minutes, le temps d'enlever la peinture. Vous croyez que c'est impossible ? Essayez et vous verrez ! Vos vases seront comme neufs, prêts à être personnalisés pour une prochaine soirée.

DES MARQUE-PLACES COMESTIBLES

Emballez vos tablettes de chocolat préférées dans du papier imprimé. Décorez avec un ruban et une étiquette.

QUELQUES ASTUCES POUR QUE
VOS INVITÉS SE SENTENT PRIVILÉGIÉS

Pensez à fabriquer un petit accessoire personnalisé que chacun pourra accrocher sur son vêtement ou dans ses cheveux. Nous avons utilisé des fleurs, des plumes et de l'agave pour créer des mini-bouquets à offrir. Certains sont plus petits que d'autres, ce qui leur apporte encore plus de charme. N'hésitez pas à vous prendre en photo, cela fera un très joli souvenir. Si vous célébrez un événement particulier, suggérez un *dress code* à vos invités, vos photos n'en seront que plus belles ! Placez un petit bouquet à côté de chaque assiette ou déposez-les sur un grand plateau dans l'entrée afin que chaque invité choisisse son propre cadeau en arrivant.

CACHEZ LE VIN !

C'est une blague, rassurez-vous !
Le vin doit couler à flots (mais avec
modération, tout de même) pendant
une fête comme celle-ci !
En revanche, vous pouvez
envelopper vos bouteilles de vin
dans le même papier que vous avez
utilisé pour le chemin de table et la
guirlande d'anneaux accrochée au
mur. C'est non seulement une touche
de déco originale, mais cela permet
également de lancer un petit jeu à
table : les invités devront deviner
quel type de vin vous leur servez.
Vous retirerez sans doute rapidement
le papier imprimé, mais il n'en reste
pas moins que vous aurez lancé les
festivités dès l'arrivée des invités.

DES RUBANS,
TOUJOURS PLUS
DE RUBANS

Afin de coller au thème de la
soirée jusque dans les moindres
détails, nous avons noué des
rubans autour des pieds
des verres à vin.

QUEL VERRE
EST LE MIEN ?

Pour changer un peu des
étiquettes, munissez-vous
d'un feutre délébile doré
et inscrivez le prénom de
chaque convive sur les
verres à vin avant leur
arrivée.

6 façons de...
DÉCORER VOS CHAISES

1. Fabriquez une guirlande d'anneaux en papier et accrochez-la au dos de la chaise.

2. Attachez un ruban autour de quelques éprouvettes en verre, puis passez l'autre extrémité au dos de la chaise et nouez. Remplissez les éprouvettes de paillettes bleues et cuivre et glissez-y un brin de verdure.

1

2

3

4

3. Attachez une ficelle au dos de la chaise et découpez des bandes dans le même papier imprimé que vous avez utilisé pour fabriquer votre chemin de table. Pliez chaque bande sur la ficelle et fixez-la avec un peu de colle. Découpez quelques franges dans chaque bande.

4. Accrochez une boule à suspendre en papier au dos de la chaise et masquez la ficelle blanche en attachant plusieurs morceaux de ruban sur toute la longueur de celle-ci.

5. Enfilez des pétales de pommes séchés (on en trouve dans la majorité des grandes surfaces) sur une corde puis découpez un rectangle dans un tissu en lin. En vous servant d'une plume ou d'un feutre à calligraphie (ici, nous avons utilisé une plume de 3,5 mm de largeur), inscrivez le prénom de l'invité sur le rectangle. Attachez la guirlande de pommes séchées au dos de la chaise, faites un trou dans le rectangle en lin puis insérez-y un ruban que vous nouerez au milieu du feston, comme sur la photo.

6. Attachez plusieurs rubans aux couleurs de la fête au dos de votre chaise et laissez-les pendre presque jusqu'au sol.

5

6

SUSPENSION HIMMELI

ON ADORE CET OBJET DE DÉCORATION, À LA FOIS MODERNE ET TRÈS VISUEL, TYPIQUEMENT FINLANDAIS. PASSE-PARTOUT, IL PEUT ÊTRE PEINT DE N'IMPORTE QUELLE COULEUR ET ÊTRE SORTI POUR CHAQUE FÊTE QUE VOUS ORGANISEREZ.

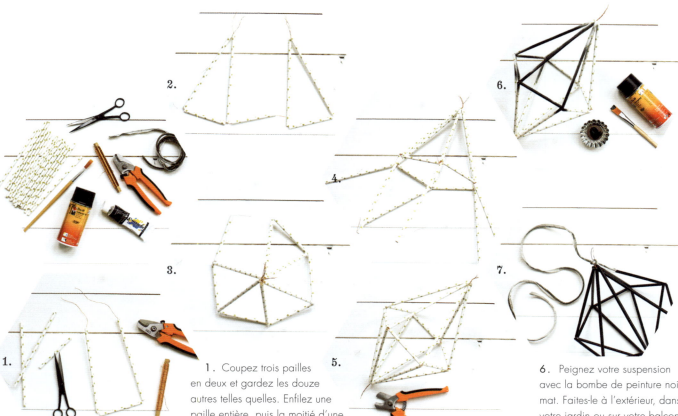

1. Coupez trois pailles en deux et gardez les douze autres telles quelles. Enfilez une paille entière, puis la moitié d'une paille et, enfin, une autre paille entière sur le fil en laiton pour former un triangle.

VOUS AUREZ BESOIN...
de fil en laiton, d'une pince coupante, de ruban, de 15 pailles (prévoyez-en plus, on ne sait jamais... Si vous en trouvez des noires, assez solides, prenez-les, elles seront parfaites pour la fabrication de votre suspension. Sinon, ne vous inquiétez pas, vous lez peindrez), de peinture noir mat, de peinture acrylique noire, d'un pinceau.

2. Enroulez le fil en laiton pour sceller la forme du triangle puis enfilez deux pailles sur la longueur restante. Attachez la dernière paille à un angle du triangle préalablement formé. Nouez le triangle obtenu.

3. Enfilez deux pailles sur le fil restant et attachez la dernière paille à l'une des pointes du triangle le plus proche pour obtenir un trapèze. Répétez l'opération jusqu'à obtenir un hexagone formé par le côté le plus court des six triangles isocèles.

4. Fabriquez la partie basse de la suspension. Enfilez six pailles entières sur six morceaux de fil de laiton et fixez chacune des pailles dans l'axe des côtés des triangles de même longueur formant la partie haute de la suspension.

5. Reliez les triangles opposés (donc ceux qui sont en face des triangles précédemment formés) en enroulant ensemble les fils de laiton pour sceller les formes. Voilà, votre suspension himmeli est prête.

6. Peignez votre suspension avec la bombe de peinture noir mat. Faites-le à l'extérieur, dans votre jardin ou sur votre balcon, en posant votre suspension sur une plaque en carton ou de vieux journaux et en vaporisant la peinture sous tous les angles. Laissez sécher plusieurs heures ou toute une nuit et, si nécessaire, corrigez les erreurs à l'aide de la peinture acrylique noire.

7. Accrochez votre suspension à l'endroit de votre choix. Pour ce faire, vrillez les fils de laiton de la partie haute de la suspension afin de former une boucle pour faire passer un ruban. Vous pouvez également nouer plusieurs rubans sur la partie basse de votre himmeli pour le décorer.

Une simple guirlande d'anneaux fabriquée avec du papier florentin traditionnel, un cutter et une agrafeuse

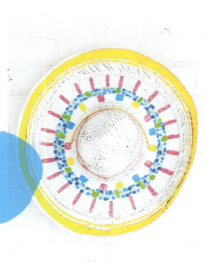

Festif & amusant

LARGEMENT INSPIRÉE DE LA CULTURE MEXICAINE, CETTE DÉCO PÉTILLANTE DE COULEURS EST À UTILISER SANS MODÉRATION POUR LES FÊTES QUE VOUS ORGANISEZ EN ÉTÉ. ELLE NE MANQUERA PAS D'ÉPATER VOS INVITÉS DE TOUT ÂGE. NOUS AVONS TOUT MISÉ SUR DES COULEURS CHAUDES ET VIVES, DES FLEURS EN PAPIER FABRIQUÉES PAR NOS SOINS, LE TOUT ÉPARPILLÉ SUR UN FOND BLANC POUR PLUS DE LÉGÈRETÉ.

CE QUI NOUS A INSPIRÉES... Des tranches de pastèque, des bougainvillées en fleur, les jeux de cartes de la loterie traditionnelle mexicaine, les tissus des Otomis (un groupe ethnolinguistique du Mexique central), les piñatas remplies de bonbons, l'envie de partir en vacances au Yucatán, du joli papier cadeau, un sombrero peint à la main, de l'eau infusée aux fruits et les fêtes qui réunissent tout le monde : des plus petits aux plus âgés !

LA SAISON IDÉALE
L'ÉTÉ

À QUELLE OCCASION ?
UN BARBECUE, UN ANNIVERSAIRE,
UNE REMISE DE DIPLÔME

LES COULEURS
ROSE FUCHSIA, JAUNE, ORANGE,
MELON, BLEU TURQUOISE, VIOLET

LES MOTIFS
OTOMI, FLORAL MEXICAIN ET RAYURES

LE MATÉRIEL NÉCESSAIRE
GUIRLANDES EN *PAPEL PICADO* (PAPIER
   COLORÉ DÉCOUPÉ)
SOMBREROS PEINTS À LA MAIN
JUS DE MELON FAIT MAISON
FLEURS EN PAPIER
PIÑATA
RUBANS À POMPONS
FLEURS EN SOIE
JEU DE CARTES DE LA LOTERIE
   TRADITIONNELLE MEXICAINE
MARACAS PEINTES À LA MAIN
RUBAN ADHÉSIF EN PAPIER WASHI
PAQUETS DE COUVERTS EN PLASTIQUE

LA PLAYLIST
JAMES TAYLOR : MEXICO
ZAC BROWN BAND : KNEE DEEP
ALAN JACKSON : IT'S FIVE O'CLOCK
   SOMEWHERE
ZAC BROWN BAND : CASTAWAY
LOW STARS : MEXICO
JIMMY BUFFETT : MARGARITAVILLE
KENNY CHESNEY : BEER IN MEXICO

UNE FÊTE EN FLEURS

Qui dit beaucoup de couleurs, dit beaucoup d'espace. Afin de les faire ressortir, il est important de bien répartir les couleurs dans la pièce. Nous avons choisi des guirlandes en *papel picado* blanches et une nappe blanche, elle aussi, qui tranchent parfaitement avec les couleurs vives.

Une fête de famille implique GÉNÉRALEMENT BEAUCOUP DE MONDE. C'est pourquoi nous avons prévu de faire un grand buffet qui permettra à tous les convives de se restaurer. Pour éviter les « embouteillages » devant le buffet, nous avons mis les boissons sur une autre table, le tout dans une ambiance chaleureuse et colorée.

MUR DE FLEURS

Fabriquez une immense décoration murale en collant des fleurs en papier sur du tissu solide ou du carton mousse. Ce mur sera le fond parfait pour un coin photo !

PIÑATA PARTY

Achetez une piñata toute simple que vous pourrez personnaliser avec des peintures en bombe et quelques fleurs en papier que vous collerez dessus. Facile, n'est-ce pas ?

GUIRLANDES

Nouez des rubans aux couleurs de la fête sur vos guirlandes faites avec du *papel picado* (papier ajouré).

POCHETTE À COUVERTS

Pliez une feuille de papier imprimé A4 afin d'obtenir une petite pochette dans laquelle vous pourrez glisser une serviette en papier et des couverts. Disposez les pochettes dans un coin du buffet afin que chaque invité puisse en prendre une en se servant.

LE COIN TUTO
FLEURS EN PAPIER

ON NE VA PAS SE MENTIR, LES FLEURS EN PAPIER SONT, CERTES, UN PEU PLUS DIFFICILES À FABRIQUER, MAIS VOTRE EFFORT SERA LARGEMENT RÉCOMPENSÉ UNE FOIS LE TRAVAIL FINI, VOUS VERREZ ! EN OUTRE, APRÈS AVOIR CONFECTIONNÉ QUELQUES FLEURS, VOUS AUREZ RAPIDEMENT ASSIMILÉ LE PROCESSUS. POUR DES FLEURS PLUS PETITES, SUPPRIMEZ LA PARTIE JAUNE CENTRALE ET UTILISEZ MOINS DE FEUILLES DE PAPIER DE SOIE.

VOUS AUREZ BESOIN...

de plusieurs feuilles de papier de soie de différentes couleurs, de fil cure-pipe (ou fil chenille) et d'une paire de ciseaux.

1. Superposez précisément 12 feuilles environ de papier de soie. Assurez-vous que les bords, les côtés et les angles coïncident (pour notre part, nous avons choisi 4 feuilles jaunes pour le centre – elles vont donc sur le dessus de la pile –, 2 ou 3 feuilles blanches et, enfin, 6 feuilles orange). Pliez les feuilles superposées en accordéon en conservant un écart de 5 cm entre chaque pli. Maintenez les feuilles jointes en pliant et répétez les pliages jusqu'au bout des feuilles.

2. À présent, dépliez les feuilles superposées. Retirez les feuilles jaunes de la pile puis pliez-les de nouveau en accordéon. Pliez ensuite la bande ainsi obtenue en deux en faisant coïncider les deux extrémités, puis coupez-la en son milieu, comme sur la photo.

3. Découpez des franges de 5 cm de longueur dans la partie pliée de la bande de feuilles jaunes.

4. Repliez les feuilles blanches et orange en accordéon puis pliez la bande en deux en faisant coïncider les extrémités. Coupez-la comme indiqué sur la photo afin de former les pétales de votre fleur. Si vous trouvez qu'il est difficile de couper les feuilles d'un seul coup, faites-le en plusieurs fois.

5. Dépliez soigneusement toutes les feuilles. Remettez les feuilles jaunes sur les feuilles blanches et orange puis repliez encore une fois le tout en accordéon.

6. Pliez la bande de feuilles en deux en faisant coïncider les extrémités et enroulez le fil cure-pipe autour de la pliure. Entortillez les deux extrémités du fil de manière à former un nœud.

7. Dépliez l'accordéon de feuilles (en partant des feuilles jaunes, le centre de votre fleur) afin que plus aucune feuille ne soit collée à une autre et en veillant à ne pas déchirer le papier.

8. Une fois que vous avez tout déplié, ajustez les pétales et redressez-les si nécessaire. Et voilà, votre première fleur est prête !

LE COIN BOISSONS

Décorez votre table ronde en enroulant des feuilles de papier de soie autour et en en posant quelques-unes dessus pour obtenir une nappe originale. Découpez préalablement des formes ou des franges dans les feuilles que vous enroulerez autour de la table pour donner un aspect plus travaillé.

FONTAINE À JUS

Les *aguas frescas* (eaux fraîches) sont des boissons sans alcool qui nous viennent tout droit des pays de l'Amérique latine et qui sont faites à partir de purée de fruits (ici, du melon), d'un peu de sucre et de beaucoup d'eau fraîche, bien sûr !

TOUS À VOS GOBELETS !

Au lieu d'écrire les noms des convives sur chaque gobelet, pourquoi ne pas décorer ces derniers avec du ruban adhésif en papier washi ? C'est simple et original, et chaque personne pourra choisir son gobelet !

AGITATEURS POMPONNÉS

Superposez plusieurs bandes de feuilles de papier de soie et découpez des franges. Enroulez la bande à franges ainsi obtenue autour de l'extrémité d'une pique à brochette et fixez-la avec du ruban washi. Enfilez une tranche de fruit sur la pique et posez le tout sur le bord du gobelet.

6 façons de...
FABRIQUER DES POCHETTES SURPRISE

1. Pliez un rectangle de papier imprimé en deux puis recouvrez-en la partie haute d'un sachet blanc, comme sur la photo. Percez deux trous dans toutes les couches de papier, glissez-y une ficelle et formez un nœud.

2. Nous avons utilisé les restes de trois rubans à pompons de couleurs différentes de la même taille que la largeur du sachet. Ils sont collés sur le bord à l'aide d'un pistolet à colle.

1

2

3

4

3. Découpez un rectangle de la taille de l'avant du sachet dans du papier imprimé puis coupez-le en quatre bandes de tailles différentes. Collez celles-ci en désordre sur l'avant du sachet puis fixez quelques pompons dessus à l'aide d'un pistolet à colle.

4. Ici, nous avons découpé des franges dans trois bandes de papier de soie (nous avons superposé trois bandes de chaque couleur, soit neuf bandes en tout) de couleurs différentes avant de coller chaque bande sur le haut du sachet en veillant à les disposer de manière à ce qu'elles se chevauchent légèrement.

5. Nous avons collé quelques fleurs en tissu à l'avant du sachet à l'aide d'un pistolet à colle. Afin d'ajouter de la couleur, nous y avons également fixé quelques petits morceaux de papier crépon.

6. Pour finir, nous avons tout simplement donné quelques coups de pinceau sur la surface avant du sachet en utilisant des peintures de couleurs différentes.

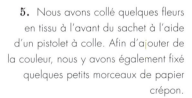

5

6

52 LA MACETA

51 LA PALMA

39 EL NOPAL

19 LA GARZA

41 LA ROSA

LA BOTELLA

CARTES DE LA LOTERIE
TRADITIONNELLE MEXICAINE

Nous avons personnalisé des sachets blancs avec quelques
bandes de ruban adhésif washi jaune avant d'y accrocher
des cartes de la loterie traditionnelle mexicaine (que l'on peut
facilement trouver sur Internet) avec un trombone turquoise.

En forêt & en famille

SORTEZ DES SENTIERS BATTUS ET DONNEZ RENDEZ-VOUS À VOS PROCHES DANS LA NATURE POUR PASSER UN BON MOMENT DE DÉTENTE. POUR L'ORGANISATION, RIEN DE PLUS SIMPLE : RANGEZ LE MATÉRIEL NÉCESSAIRE DANS QUELQUES SACS, ET C'EST PARTI ! LES ENFANTS POURRONT FACILEMENT S'AMUSER EN PARTANT À LA DÉCOUVERTE DES ENVIRONS, CE QUI LAISSERA LE TEMPS AUX ADULTES DE DISCUTER AUTOUR D'UN APÉRO PRÉPARÉ À L'AVANCE !

CE QUI NOUS A INSPIRÉES... Les tissus déchirés, les tables de bière typiquement allemandes, notre couverture en laine préférée, les barquettes pour emporter de la nourriture, de ravissants tissus imprimés achetés dans une mercerie (le charmant propriétaire nous en offre toujours quelques centimètres de plus), les kits d'explorateurs en herbe qu'on adorait quand on était enfants et qui ont été remis au goût du jour pour attiser la curiosité des convives les plus jeunes, le temps à la fin de l'été et au début de l'automne avec les feuilles qui commencent tout doucement à changer de couleur, les tipis, le défi de créer quelque chose de spécial et de mémorable en partant de presque rien avec un seul mot en tête : la simplicité.

LA SAISON IDÉALE
LA FIN DE L'ÉTÉ, LE DÉBUT DE L'AUTOMNE

À QUELLE OCCASION ?
UNE GARDEN-PARTY, UN ANNIVERSAIRE POUR ENFANT, UNE RÉUNION DE FAMILLE

LES COULEURS
MARRON, VERT CLAIR, CRÈME, FRAMBOISE, MÛRE, ORANGE, OCRE, JAUNE FONCÉ

LES MOTIFS
ÉCOSSAIS, FLORAUX À PETITE ÉCHELLE, FORMES ET MOTIFS DE LA NATURE

LE MATÉRIEL NÉCESSAIRE
MORCEAUX DE TISSU DÉCHIRÉS
SACS EN PAPIER KRAFT
BOUTEILLES À JUS DÉCORATIVES
COUVERTS DE PLUSIEURS COULEURS
CARTES DES ENVIRONS
KITS D'EXPLORATEURS POUR ENFANTS
TIPIS
PLAQUES EN BOIS FAITES À LA MAIN
MARQUE-PLACES EN POMMES DE PIN

LA PLAYLIST
ALLMAN BROWN : SONS AND DAUGHTERS
LAURA VEIRS : NIGHTINGALE
AMY SEELEY : WALK TO THE PARK
BIRDY : 1901
JAMES MORRISON : BEAUTIFUL LIFE
DAVID POE : TAFFETA
ED SHEERAN : PHOTOGRAPH
PASSENGER : LET HER GO
JOHN MAYER : HALF OF MY HEART

Cette JOURNÉE EN FORÊT est parfaite pour les parents qui ont des enfants en bas âge et qui aiment la nature. Vous vivez près d'une forêt ou d'un jardin public avec des tables pour pique-niquer ? Sortez et profitez de la douceur du temps automnale en famille et entre amis ! Idem si vous souhaitez célébrer un événement particulier d'une manière originale.

Préparez un apéro ou un goûter à l'avance, chargez une table et des chaises pliantes dans le coffre de votre voiture et en route pour la nature !

REPAS À EMPORTER

Nous avons rangé chaque repas dans une barquette prévue à cet effet, que nous avons personnalisée en nouant autour une bande de tissu déchiré et en glissant un brin de verdure dans le nœud juste avant que les invités n'arrivent.

GÂTEAU DES FORÊTS

Nous avons décoré une génoise avec des figurines d'animaux et quelques brins de romarin pour représenter une petite forêt. Nous avons fabriqué une guirlande en plantant deux piques à brochettes sur lesquelles nous avons noué une ficelle décorée de bandes de ruban adhésif en papier washi (ou ruban adhésif en papier de riz). Il est conseillé de décorer le gâteau une fois sur place.

TOUT EST DANS LES PETITS DÉTAILS

Nous avons peint le haut des manches des couverts en bois avec de la peinture acrylique la veille de notre escapade pour que cela ait le temps de sécher. Nous avons posé les couverts sur une serviette, entourés d'un morceau de ficelle.

LA TOUCHE FRUITÉE

Personnalisez les jus des petites bouteilles en verre (le plastique ne donne pas le même effet...). Videz un peu de chaque bouteille afin d'y mettre quelques morceaux de fruits qui se marient bien avec le jus en question. Couvrez les étiquettes des bouteilles avec une bande de tissu imprimé, de la colle et de la ficelle. Enfin, collez une étiquette en papier kraft sur laquelle vous aurez préalablement noté le jus et les fruits que la bouteille contient.

CHASSE AU TRÉSOR

Avant de partir, imprimez quelques-unes de vos photos préférées que vous pourrez accrocher ou coller sur un arbre une fois sur place. Mais, attendez, ce n'est pas tout… Après le repas, proposez aux invités de choisir chacun une photo et de la retourner pour y découvrir une liste de choses à trouver en forêt : une branche, une pomme de pin, une fleur, une coquille d'escargot vide, etc. Veillez à ce que la liste ne soit pas trop longue afin que les plus petits puissent aussi se joindre à la chasse. Bien sûr, celui qui aura ramené le plus de choses aura droit à un petit cadeau…

C'EST PAR ICI…

Pensez à indiquer le lieu de rendez-vous à vos invités en fabriquant une balise toute simple. Dans notre cas, nous nous sommes servies d'une branche sur laquelle nous avons collé un couteau en bois qui indique la direction du pique-nique (on l'a même écrit dessus !) et autour de laquelle nous avons enroulé des ficelles de couleurs différentes ainsi qu'une bande de fausse fourrure.

BRETZELS

Préparez plusieurs rubans ou bandes de tissu et écrivez le prénom de chaque invité sur une belle étiquette. Tapissez l'intérieur d'un cageot à fruits ou à légumes avec un joli torchon et, avant de partir, achetez quelques bretzels chez votre boulanger ou en grande surface. Enfilez chaque étiquette sur un ruban que vous nouez un autour de l'anse d'un bretzel. Vous pouvez également inscrire un petit mot personnel au dos de chaque étiquette.

MALIN,
LES POMMES DE PIN

Vous voudrez sûrement dresser une table simple avant l'arrivée des convives. Pour cela, la veille, donnez un petit coup de peinture en bombe blanche sur quelques pommes de pin et laissez sécher toute la nuit. Écrivez le prénom de chaque invité au feutre doré sur de belles étiquettes que vous glissez entre les écailles des pommes de pin. Une fois sur place, laissez les invités prendre leur pomme de pin et la placer à l'endroit où ils aimeraient s'asseoir.

LES PETITS EXPLORATEURS

Les enfants adorent les activités en plein air, pensez donc à en prévoir quelques-unes histoire de les occuper pendant que les parents se détendent à l'ombre d'un arbre. Nous avons fabriqué des kits d'explorateurs en glissant dans chacun des sacs en papier kraft une loupe, un cahier, un stylo, des images et des autocollants d'insectes, un rouleau de ruban adhésif en papier washi, quelques bonbons et une pomme.

MINI-HERBIERS

Encouragez les enfants à coller toutes leurs trouvailles dans leur cahier pour fabriquer un mini-herbier. C'est une activité pédagogique très divertissante à laquelle même les parents pourront prendre part pour aider leur progéniture.

MONTREZ-LEUR LE CHEMIN...

Enroulez plusieurs plans des environs dans du papier kraft et nouez une ficelle autour sur laquelle vous aurez préalablement enfilé une étiquette faite à la main. Ainsi, les petits explorateurs en herbe sauront se repérer dans les parages et éviteront de se perdre. Disposez les rouleaux sur un grand plateau décoré avec quelques champignons comestibles et des brins de pin.

NATURE ET COSY

Prévoyez plusieurs couvertures et plaids en peau de mouton au cas où les invités (petits et grands) préfèrent s'installer par terre pour pique-niquer.

LE COIN DES ENFANTS

Construisez un tipi à l'aide de branches. Vous trouverez de précieux conseils sur les sites internet de scouts pour une construction en toute sécurité.

6 façons de...
FABRIQUER DES BARQUETTES POUR PLATS À EMPORTER

1. Rangez votre repas dans un simple cageot en papier, comme celui que nous avons trouvé. Les petits trous sur les côtés nous ont beaucoup plu, on dirait un visage ! Enroulez la poignée dans du ruban gros grain, nouez d'autres rubans sur les côtés puis pliez une serviette autour du repas que vous avez préparé avant de fermer les pans de celle-ci avec un autocollant ou un morceau de ruban adhésif. Ajoutez un brin de verdure ou une fleur, et le tour est joué.

2. Vous trouverez des barquettes pour plats à emporter en papier kraft dans les magasins de loisirs créatifs ou sur Internet. Vous pouvez en acheter certaines à motifs. Si vous optez pour des barquettes en papier kraft toutes simples, décorez-les avec un feutre blanc. La barquette est fermée avec du ruban adhésif blanc. Une serviette, des couverts et une touche de verdure sont posés dessus. Nous avons attaché le tout avec de la ficelle.

3. Les boîtes en pin avec couvercle sont parfaites pour ranger un pique-nique. Fermez la boîte avec un joli ruban, glissez-y quelques brins de verdure et attachez une étiquette portant le prénom de l'invité.

1

2

3

4. Ici, nous avons décidé de transformer une simple boîte pâtissière en carton en une ravissante petite barquette. Nous avons collé une bande de tissu imprimé sur le côté puis enroulé un ruban autour de la boîte (une fois remplie, bien sûr), auquel nous avons accroché un adorable petit champignon en papier mâché Pour finir, nous avons glissé une cuillère, dont nous avons préalablement recouvert le manche avec du ruban adhésif fantaisie, sous le ruban.

5. Tout le monde connaît la fameuse barquette chinoise, c'est pourquoi nous avons voulu la personnaliser. Nous avons donc glissé le repas dans un joli sachet et peint le haut des manches des couverts en bois avec un peu de peinture acrylique. Nous avons fixé sur la barquette une pique à brochette décorée d'une feuille découpée dans du papier imprimé et attachée à l'aide d'un beau ruban. Gardez cette idée en tête pour une fête où seules les fées sont à l'honneur et bien plus « cool » que les autres créatures magiques qui peuplent la forêt… Autre petit indice : les garçons ne sont pas les bienvenus !

6. Il est également possible de transformer des mini-cagettes en bois en de ravissants paniers à pique-nique individuels. Remplissez la cagette (avec un wrap, quelques légumes taillés et un cookie, par exemple) puis couvrez-la avec une seconde cagette qui fera office de couvercle. Maintenez le tout en place avec un ruban que vous aurez noué autour des deux cagettes. Vous pouvez également décorer les cagettes avec un peu de peinture blanche et une éponge ronde pour créer un motif Polka Dot.

BRANCHE DÉCORATIVE

VOUS POUVEZ FABRIQUER CETTE BRANCHE DÉCORATIVE AVANT LA RENCONTRE, POUR INDIQUER LE LIEU DE RENDEZ-VOUS, OU PENDANT LA FÊTE, EN PROPOSANT AUX ENFANTS DE VOUS AIDER POUR CETTE ACTIVITÉ SIMPLE ET RAPIDE. VOUS POUVEZ ÉGALEMENT UTILISER LA BRANCHE CHEZ VOUS EN LA SUSPENDANT AU-DESSUS DE VOTRE BUFFET OU DANS VOTRE COULOIR.

VOUS AUREZ BESOIN... *d'une branche assez droite, de plusieurs tissus imprimés, d'un vieux drap blanc, de pommes de pin, de fil de cuivre, d'une paire de ciseaux et de ficelle.*

1. Déchirez le drap blanc en bandes. Les nôtres mesurent environ 1 m. Bien sûr, vous pouvez également les découper aux ciseaux, mais le rendu est plus naturel lorsqu'elles sont déchirées.

2. Nouez les bandes blanches sur la branche en veillant à laisser un peu d'espace entre chacune. Vous pouvez également les fixer sur la branche à l'aide d'une agrafeuse, les nouer sans trop serrer le nœud... Bref, faites comme vous le sentez !

3. Déchirez (ou découpez) les tissus imprimés en bandes.

4. Nouez les bandes imprimées entre les bandes blanches. Veillez à laisser un minuscule espace pour suspendre les pommes de pin que vous attacherez à un morceau de ficelle qui sera noué autour de la branche. Faites en sorte que les pommes de pin pendent à des hauteurs différentes.

5. Enroulez du fil de cuivre plusieurs fois autour de chaque extrémité de la branche afin d'obtenir une anse pour accrocher votre branche décorative sur un arbre ou sur votre mur !

Remarque : vous pouvez remplacer le drap blanc par un drap ou un tissu beige et les pommes de pin par des plumes, par exemple.

Enjoué & trop chou

EN PLUS D'ÊTRE ABORDABLE ET FACILE À METTRE EN PLACE, CETTE DÉCO, QUI REPOSE SUR PLEIN DE PETITS DÉTAILS, ATTIRERA L'ŒIL DE TOUS VOS INVITÉS. LES TONS PASTEL DÉTENDRONT VOS CONVIVES, VENUS POUR PARTICIPER À UN ATELIER DE TRAVAUX MANUELS TOUT EN DÉGUSTANT QUELQUES BONS CUPCAKES. INSPIREZ-VOUS ÉGALEMENT DE CE STYLE POUR ORGANISER UNE FÊTE D'ANNIVERSAIRE POUR VOTRE BOUT D'CHOU.

CE QUI NOUS A INSPIRÉES... Les livres sur les différents arts japonais, les fleurs de printemps, notre papeterie préférée, les aquarelles, les carnavals et les beaux couchers de soleil. Nous avons adoré rédiger ce chapitre parce que nous avons toutes les deux des enfants et que nous aimons organiser des fêtes. Nous nous sommes donc creusé la tête pour trouver des idées simples et rapides à réaliser avec les enfants (même si, bien évidemment, vous pouvez vous inspirer de ces astuces pour une fête entre adultes). Cette déco est la solution parfaite pour les budgets réduits car toutes les activités ne nécessitent plus ou moins que du papier. Nous allons vous donner les bases, à vous de faire le reste en laissant votre créativité prendre le dessus !

LA SAISON IDÉALE
LE PRINTEMPS

À QUELLE OCCASION ?
PÂQUES, UNE JOURNÉE MÈRE/
FILLE, LA FÊTE DES MÈRES,
UN ANNIVERSAIRE, UNE BABY
SHOWER

LES COULEURS
VERT MENTHE, ROSE, LILAS,
TONS JAUNE PASTEL

LES MOTIFS
FLORAUX ET GÉOMÉTRIQUES
SOUTENUS, EFFET COUP DE
PINCEAU

LE MATÉRIEL NÉCESSAIRE
PAILLETTES
POMPONS
BONBONS FRUITÉS
LANTERNES
GUIRLANDES
BALLONS
BANDEROLES
ŒILLETS
MARGUERITES
RUBAN ADHÉSIF EN PAPIER WASHI
PAPIER KRAFT
AQUARELLE

LA PLAYLIST
MEGHAN TRAINOR (FEAT. JOHN
   LEGEND) : LIKE I'M GONNA LOSE
   YOU
SHAWN MENDES : STITCHES
KATY PERRY : ROAR
PHARRELL WILLIAMS : HAPPY
ONE DIRECTION : ONE THING

UN ACCUEIL CHALEUREUX

Avant même d'avoir franchi le seuil de votre salon ou salle à manger, les invités n'auront d'yeux que pour votre belle déco. Les boules à suspendre en papier ont été peintes à la main de plusieurs couleurs, et ressortent encore plus accrochées à un plafond blanc. Les ballons, eux, jonchent le sol et ne demandent qu'à ce qu'on joue avec eux!

Ne cherchez plus, vous avez trouvé LA déco qu'il vous faut pour fêter l'ANNIVERSAIRE DE VOTRE BAMBIN ! Des œillets arrangés dans un cornet à glace qui est ensuite glissé dans un verre capturent immédiatement l'attention des convives, sans parler des confettis éparpillés sur la table, des brochettes de bonbons aux couleurs acidulées déposées sur les assiettes, ou encore de la citronnade bien fraîche qui se déguste avec une jolie paille colorée !

CHEMIN DE TABLE QUI CARTONNE

Nous avons choisi du papier kraft pour fabriquer un large chemin de table, d'autant plus que sa teinte se marie très bien avec les couleurs vives et acidulées des différents objets posés dessus. Nous en avons festonné les deux bords qui pendent avant de les décorer au feutre blanc. Enfin, nous avons fixé le chemin de table aux bords de la table avec du ruban adhésif double face.

RONDS DE SERVIETTES COMESTIBLES

Les colliers ou les bracelets de bonbons peuvent être détournés en de superbes ronds de serviettes. En outre, leurs couleurs correspondent vraiment au thème !

EN ACCORD AVEC LA FÊTE JUSQU'AU BOUT DES DOIGTS !

Proposez aux enfants de s'habiller en respectant les couleurs de la fête, vous verrez, cette idée en ravira plus d'un ! Et vous, pourquoi ne pas vernir chaque ongle de votre main d'une couleur différente, en accord avec celles de la fête, bien sûr ? Comme l'on dit : ce sont les petits détails qui ont le plus fort impact !

SUIVEZ LE CHEMIN DE TABLE !

Collez des bandes de ruban adhésif en papier washi sur le centre de table pour créer un set de table en trompe-l'œil puis écrivez les prénoms des petits convives juste au-dessus, directement sur le papier kraft ! Découpez de grands cercles dans un papier imprimé, qui serviront de sous-assiettes, puis des cercles plus petits, en utilisant un autre papier, que vous poserez au centre de chaque assiette. Enfilez plusieurs bonbons sur une pique à brochette, posez cette dernière sur une serviette et placez le tout sur l'assiette de chaque invité. Les enfants vont adorer, sans aucun doute, et les adultes pourront même s'en servir d'agitateurs à cocktail !

CUPCAKES
PERSONNALISÉS

Vous n'avez pas le temps de préparer
vous-même les cupcakes ? Pas de panique,
achetez-en dans votre pâtisserie ou en
grande surface puis personnalisez-les en les
décorant avec de petits objets non toxiques
et/ou des bonbons.

Remarque : ne convient pas aux
enfants de moins de 3 ans.

QUELQUES CONSEILS POUR ORGANISER UNE FÊTE D'ENFANTS

1. Décidez tout de suite de la durée de la fête (pas plus de 2 ou 3 heures) et du nombre d'enfants que vous allez inviter.

2. Choisissez également l'endroit où aura lieu la fête : chez vous, dans une salle ou un parc de jeux pour enfants. La deuxième option est fortement conseillée si vous prévoyez d'inviter beaucoup de bambins.

3. Si les parents décident de rester pendant la durée de la fête, prévoyez des boissons et quelques amuse-bouches pour eux également.

4. Élaborer un planning de la fête vous aidera à lancer toutes les activités prévues en temps et en heure. Cela dit, prévoyez tout de même toujours plus de temps.

5. Pensez à prévoir une activité simple qui occupera les premiers arrivants en attendant le reste des invités. Cela aide également les enfants timides à se libérer de leur gêne.

6. Prévoyez une ou deux activités avant le goûter et gardez le gâteau et/ou la piñata pour la fin de la fête. La piñata devrait avoir un succès fou, parce que, vraiment, qui n'aime pas ça ?

7. Les activités dépendront en grande partie de l'âge des enfants. Les plus jeunes aimeront sûrement faire des bulles de savon, danser, jouer à « Un, deux, trois, Soleil » ou encore créer, tous ensemble, une petite parade d'anniversaire.

8. Les enfants plus âgés, eux, préfèreront sans doute faire une course à la cuillère, une chasse au trésor, le jeu de la patate chaude, une bataille de ballons d'eau (à l'extérieur, bien évidemment) ou un atelier de création comme, par exemple, décorer son propre dessert.

9. Si vous voulez organiser la fête à l'heure du déjeuner, prévoyez un repas complet. Si vous préférez la faire l'après-midi, un goûter sera amplement suffisant.

10. Élaborez un menu simple. Souvent, les enfants sont tellement absorbés par les jeux qu'ils en oublient même de manger. Pensez également à vous renseigner auprès des parents sur d'éventuelles allergies ou intolérances alimentaires de leurs enfants.

CORNET DE FLEURS Nous avons vu cette astuce déco dans l'un de nos magazines préférés, mais avec des hortensias. Nous avons choisi des œillets parce que, même si ce sont surtout des fleurs pour les enterrements, elles sont faciles à entretenir, ont des couleurs très variées et ne coûtent pas cher. Placez le cornet à glace fleuri dans un autre récipient en verre adapté et vous obtiendrez un joli petit vase.

Remarque : les œillets peuvent rester hors de l'eau pendant 8 heures.

LE COIN TUTO
DES LETTRES EN FLEURS

ACHETEZ DES LETTRES EN CARTON OU EN PAPIER MÂCHÉ DANS VOTRE MAGASIN DE LOISIRS CRÉATIFS ET DÉCOREZ-LES AVANT DE LES ASSEMBLER POUR FORMER DES MOTS QUI SIGNALERONT À VOS INVITÉS LE BAR OU LA TABLE DES DESSERTS. LIMITEZ-VOUS À DES MOTS COURTS ET SIMPLES COMME « AMOUR », « BUFFET », « SANTÉ », « MME ET M. », ETC. SI VOUS ORGANISEZ UNE FÊTE D'ANNIVERSAIRE OU UN ENTERREMENT DE VIE DE JEUNE FILLE, VOUS POUVEZ ÉGALEMENT ÉPELER LE PRÉNOM DE L'INVITÉE D'HONNEUR SUR VOTRE MUR. CHOISISSEZ DES FLEURS ARTIFICIELLES QUI ONT L'ALLURE ET LE TOUCHER DU VRAI. AJOUTEZ UN BRIN DE FOLIE À VOS LETTRES AVEC DES ROSES BLEUES OU DES ŒILLETS ROSE FLASHY !

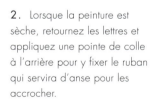
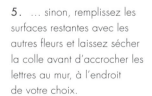

VOUS AUREZ BESOIN… d'un pistolet à colle, de lettres en carton ou en papier mâché, de peinture blanche, d'un pinceau, de rubans, de fleurs artificielles, d'une paire de ciseaux.

1. Appliquez deux couches de peinture sur vos lettres, en allant du haut vers le bas. Inutile de peindre l'arrière puisque les lettres seront accrochées au mur.

2. Lorsque la peinture est sèche, retournez les lettres et appliquez une pointe de colle à l'arrière pour y fixer le ruban qui servira d'anse pour les accrocher.

3. Débarrassez-vous des feuilles et des tiges des fleurs. Veillez bien à ce que ces dernières soient toutes coupées au même niveau afin que certaines ne ressortent pas plus que d'autres.

4. Disposez vos fleurs sur les lettres, sans les coller, en commençant uniquement par les plus larges. Vous pouvez également ajouter quelques feuilles à votre arrangement. Une fois que vous êtes satisfait de la disposition des fleurs larges, collez-les une à une sur les lettres. Si vous préférez que vos lettres ne soient pas trop garnies en fleurs, vous pouvez vous arrêter à cette étape…

5. … sinon, remplissez les surfaces restantes avec les autres fleurs et laissez sécher la colle avant d'accrocher les lettres au mur, à l'endroit de votre choix.

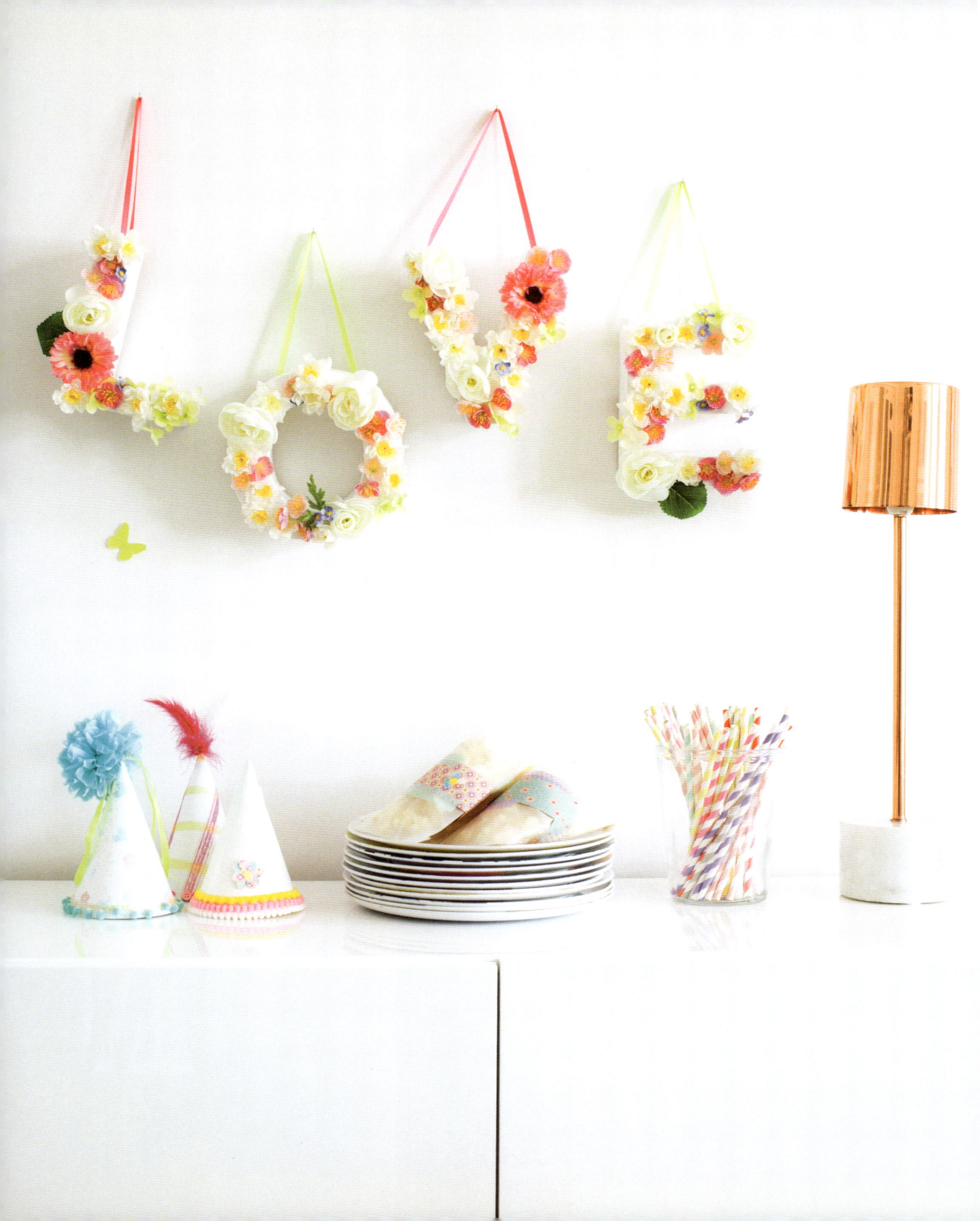
LOVE

GUIRLANDE DE FANIONS

Achetez une guirlande de fanions toute simple puis personnalisez-la en pulvérisant un peu de peinture en bombe sur les pointes. Simple et très beau !

BOULES CHINOISES COLORÉES

Achetez plusieurs boules chinoises blanches et personnalisez-les en leur donnant quelques coups de pinceau par-ci par-là (évitez d'utiliser de l'aquarelle qui risquerait de traverser le papier très fin de la boule). Attachez les boules ensemble avec du fil de nylon puis faites une boucle afin de les accrocher au plafond.

BALLONS VOLANTS, MAIS PAS TROP

Pas d'hélium ? Pas de problème ! Gonflez plusieurs ballons, nouez un ruban autour de leur bec. Fixez chaque ballon au mur avec du ruban adhésif double face en les disposant un peu partout pour donner l'impression qu'ils flottent dans les airs.

GUIRLANDE GOURMANDE

Prenez des caissettes en papier pour cupcakes et trempez les bords dans de la peinture aquarelle de plusieurs couleurs. Percez le fond de chaque caissette à l'aide d'une aiguille puis enfilez-les sur une ficelle pour créer une guirlande que vous pourrez accrocher sur le mur.

6 façons de...
DÉCORER
UN CHAPEAU
DE FÊTE

1. Collez des paillettes multicolores le long du bord et autour de la pointe d'un chapeau blanc.

2. À l'aide d'un pistolet à colle, décorez le bord et la pointe de votre chapeau avec des fleurs artificielles.

1

2

3

4

3. Remplacez les fleurs artificielles par des pompons que vous trouverez dans tous les magasins de loisirs créatifs.

4. Avant de fabriquer le chapeau, utilisez différents tampons rigolos pour décorer la surface blanche. Roulez la feuille puis collez les extrémités pour former le chapeau. Appliquez une fine couche de colle le long du bord du chapeau puis parsemez de paillettes. Pour finir, agrafez une fleur ou un pompon en papier et quelques rubans flashy sur la pointe du chapeau.

5. Avant de former le chapeau, donnez quelques coups de pinceau sur la feuille blanche (avec de l'aquarelle ou de l'acrylique). Si vous avez un chapeau préfabriqué, tenez-le bien et ne vous en faites pas si vos lignes ne sont pas parfaites. Collez quelques boutons sur le bord et une plume sur la pointe du chapeau pour un aspect « cirque » !

6. Collez trois rangées de vos rubans à pompons préférés sur le bord du chapeau. Posez ce dernier sur une grande feuille, appliquez une fine couche de colle sur toute sa surface et parsemez de paillettes. Fabriquez une petite fleur puis collez-la sur le chapeau.

5

6

SACHETS
À POP-CORN

Achetez plusieurs sachets à
confiseries (ou fabriquez-les vous-
même avec du papier cuisson).
Découpez plusieurs bandes dans
du papier imprimé et fixez-les sur
les sachets avec du ruban adhésif
en papier washi. Collez ensuite
quelques paillettes sur chaque
bande de papier imprimé puis
remplissez les sachets de pop-
corn et de confettis multicolores.
Disposez-les dans un grand saladier
transparent ou sur le buffet.

Brillant & étincelant

CE SOIR, LE ROI, C'EST L'INVITÉ, ET IL FAUT DONC LE METTRE À L'HONNEUR. OPTEZ DONC POUR UNE DÉCO TOUJOURS SIMPLE, MAIS AVEC UNE TOUCHE DE GLAMOUR AFIN QUE VOS CONVIVES SE SENTENT BIEN ACCUEILLIS. QUELQUES PETITS GLANDS DÉCORATIFS ACCROCHÉS SUR VOS GUIRLANDES, UNE AMBIANCE SOULIGNÉE PAR LA LUEUR DES BOUGIES, DES CONFETTIS MÉTALLISÉS, UN PETIT CADEAU POUR CHAQUE INVITÉ, DES PIQUES À COCKTAIL PERSONNALISÉES AVEC DU RUBAN... TOUT CECI FERA DE VOTRE FÊTE UN VÉRITABLE SUCCÈS.

CE QUI NOUS A INSPIRÉES... Les copines qui adorent les cupcakes, les petits cadeaux super bien emballés, la lueur des bougies et les confettis métallisés éparpillés sur la table, avoir trouvé la bonne nuance de rose pour repeindre les murs de la salle à manger, des ballons gonflés à l'hélium, de magnifiques rubans aux couleurs originales, des papiers peints qui sortent de l'ordinaire, avoir eu une idée astucieuse pour utiliser les boîtes de conserve et savoir que tous ces petits détails apporteront ce fameux petit « je ne sais quoi » à la fête.

LA SAISON IDÉALE
TOUTES

À QUELLE OCCASION ?
LE RÉVEILLON, UN ANNIVERSAIRE,
UN DÎNER ENTRE COPINES

LES COULEURS
PÊCHE, ROSE, TONS DE JAUNE,
ORANGE, TOUCHE DE NOIR, VERT KAKI

LES MOTIFS
POLKA DOT MÉTALLIQUE ET ANANAS

LE MATÉRIEL NÉCESSAIRE
BALLONS BLANCS
RUBANS
CONFETTIS DORÉS
ÉPROUVETTES À DRAGÉES
   AVEC UN BOUCHON EN LIÈGE
CIERGES MAGIQUES
GLANDS DÉCORATIFS EN PAPIER
BOUGIES ET BOUGEOIRS
FEUTRE DORÉ
PAILLETTES DORÉES
PAPIER MÉTALLISÉ

LA PLAYLIST
BEBEL GILBERTO : SO NICE
VANESSA PARADIS : DES QUE J'TE VOIS
CARLA BRUNI : QUELQU'UN M'A DIT
CŒUR DE PIRATE : PRINTEMPS
VANESSA DA MATA : NAO ME DEIXE SO
FRANÇOISE HARDY : COMMENT TE
   DIRE ADIEU
BEBEL GILBERTO : SAMBA DA BENCAO
CARLA BRUNI : LE PLUS BEAU DU
   QUARTIER

DES BALLONS
SUR LEUR 31

Gonflez des ballons à l'hélium
pour apporter une touche
encore plus festive à votre
soirée puis attachez-les aux
dossiers de vos chaises,
par exemple. Vous pouvez
également coller quelques
morceaux de papier doré
autour du bec du ballon. Pour
ce faire, déposez une pointe
de colle sur le ballon, étalez-la
à l'aide de votre doigt puis
fixez-y les bouts de papier.

OÙ SUIS-JE PLACÉ ?

Concevez des marque-places originaux en utilisant des éprouvettes avec un bouchon en liège. Remplissez-les de confettis, de paillettes, bref, de tout ce que vos invités pourront lancer et relancer dans les airs le moment venu. Bien sûr, n'oubliez pas d'inscrire le prénom de chaque convive sur l'éprouvette !

Cette fois, nous avons tenu à célébrer UN ANNIVERSAIRE IMPORTANT EN RÉUNISSANT UNIQUEMENT NOS AMIS LES PLUS PROCHES. Étant donné l'occasion fêtée, nous avons mis les petits plats dans les grands pour surprendre nos invités avec plein de petits détails. Une fois le repas terminé, nous avons mis la musique à fond pour finir la soirée en beauté !

APÉRO SUCRÉ

Plongez des marshmallows dans du chocolat fondu puis roulez-les dans des noisettes concassées. Laissez sécher puis enfilez un marshmallow nature et un marshmallow enrobé de chocolat sur une pique à brochette sur laquelle vous aurez préalablement noué un bout de ruban. Disposez les brochettes sur un plat.

PATCHWORK SURPRISE

Ici, nous avons assemblé plusieurs feuilles de papiers différents avec du ruban adhésif en papier washi pour créer un papier cadeau original que nous avons utilisé pour emballer de petites boîtes de chocolats à offrir à nos convives.

PRÉSENTOIR À GÂTEAU WASHI

Décorez votre présentoir avec des bandes de ruban adhésif en papier washi puis découpez quelques cercles dans du papier métallisé. Disposez les cercles en papier sur le présentoir puis déposez-y des cupcakes.

BOISSONS SANS ALCOOL

N'oubliez pas de prévoir des boissons pour ceux qui ne consomment pas d'alcool. Nous avons versé de la limonade et des jus de fruits dans plusieurs bouteilles décoratives, puis nous avons noué une jolie étiquette écrite à la main autour des goulots afin que les invités sachent de quelle boisson il s'agit.

CIERGES MAGIQUES

Ces cierges ravissent autant les petits que les grands ! Piquez-en donc quelques-uns dans vos cupcakes et allumez-les avant de les servir. Voilà une idée qui illuminera littéralement votre dessert.

DRESSAGE DÉCONTRACTÉ

Ne vous prenez pas la tête avec le dressage, rassemblez les couverts et nouez-les avec un joli ruban puis déposez le tout au centre de l'assiette, sur une jolie serviette.

RECYCLEZ VOS BOÎTES DE CONSERVE EN PHOTOPHORES

CET ATELIER EST SANS AUCUN DOUTE LE PLUS SIMPLE DE TOUS ! CES JOLIS PHOTOPHORES ÉGAYERONT ET ILLUMINERONT TOUTES VOS FÊTES. ESSAYEZ D'EN FAIRE AU MOINS SIX AFIN D'OBTENIR UN EFFET ENCORE PLUS SPECTACULAIRE ET NUANCÉ. ET PUIS... PLUS IL Y EN AURA ET PLUS ÇA BRILLERA !

VOUS AUREZ BESOIN... de conserves vides et propres, de peinture en bombe, de clous de tailles différentes, de fil de fer, d'un marteau, de rubans fantaisie, de paillettes, d'un peu de colle et de bougies chauffe-plat.

1. Peignez les conserves à la peinture en bombe en protégeant bien vos surfaces et en le faisant dans un endroit aéré. Si vous préférez, vous pouvez également les peindre en utilisant une peinture acrylique non toxique.

2. À l'aide du marteau et des clous, percez soigneusement des trous dans les conserves. Nous en avons surtout percé dans la partie basse, où la lumière de la bougie est la plus intense.

3. Une fois les trous percés, décorez les conserves détournées comme il vous plaît, avec du ruban, des paillettes...

4. Vous pouvez également faire deux trous à l'extrémité de vos photophores (assurez-vous de bien les aligner) pour y passer une anse en fil de fer si vous souhaitez les suspendre.

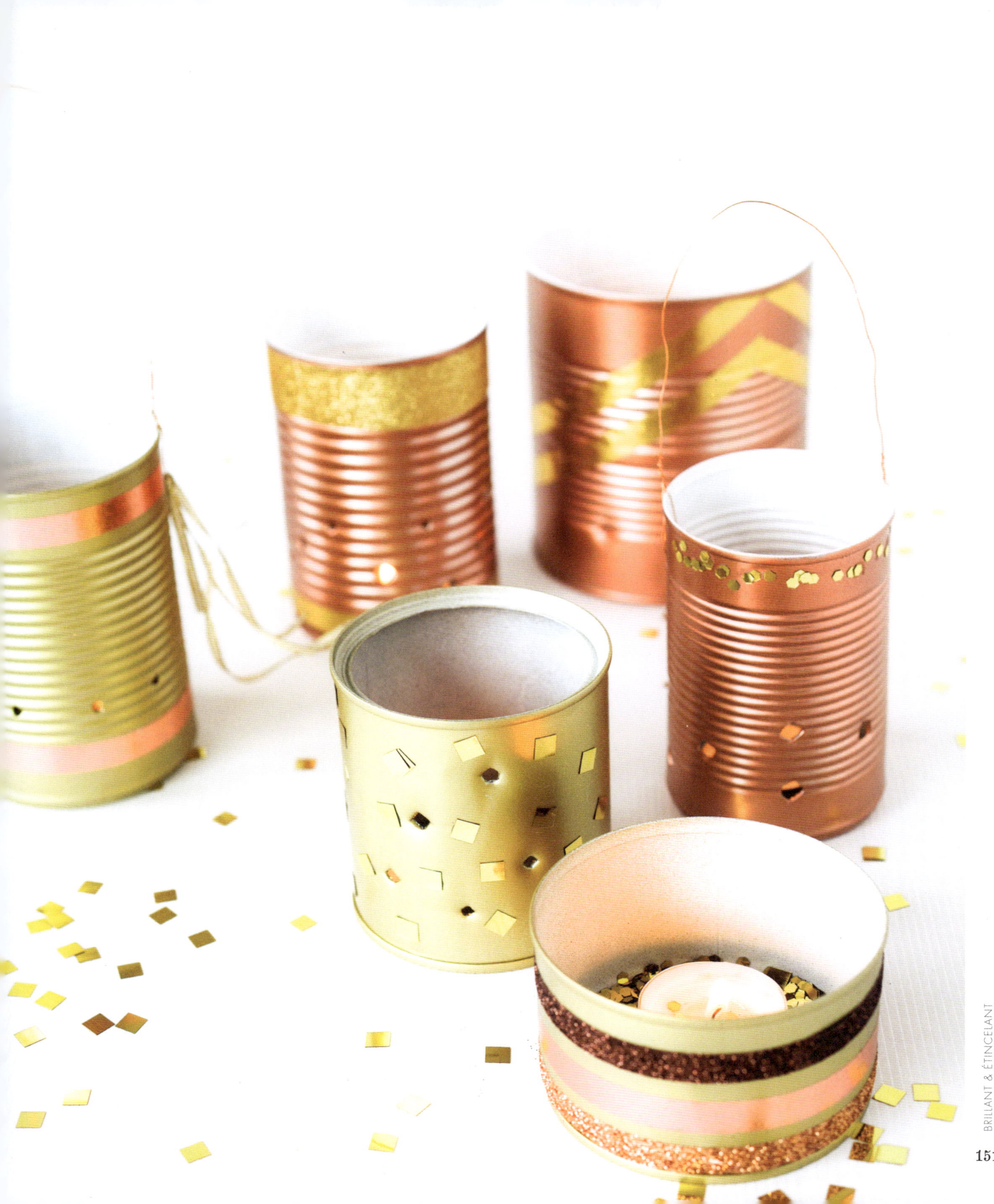

6 façons de...
DÉCORER UN BALLON BLANC

1. Transformez un ballon blanc en un objet de déco pour le moins brillant ! Vous aurez besoin de quelques accessoires de base et de 5 minutes par ballon. L'effet sera encore plus saisissant si vous gonflez vos ballons à l'hélium. Si ce n'est pas faisable, collez-les au mur avec du ruban adhésif double face ou éparpillez-les au sol ou sur une table.
Gonflez le ballon. Encollez sa partie basse, autour du bec, en utilisant une petite éponge, puis parsemez de paillettes de taille moyenne.

2. Gonflez le ballon puis, avec un pinceau, donnez quelques coups de peinture acrylique (vous pouvez choisir plusieurs couleurs pour un seul ballon) sur la partie basse du ballon, autour du bec. Laissez sécher 30 minutes.

3. Gonflez le ballon et collez des autocollants dorés en forme d'étoiles sur toute sa surface. Vous trouverez ces autocollants dans les magasins de loisirs créatifs.

4. Gonflez le ballon puis collez des autocollants ronds (s'ils sont blancs, peignez-les de la couleur de votre choix) sur toute sa surface pour obtenir un effet Polka Dot.

5. Gonflez le ballon puis, avec un pinceau, donnez quelques coups de peinture acrylique dorée sur la partie basse du ballon, autour du bec. Laissez sécher.

6. Gonflez le ballon et écrivez un mot ou une phrase de votre choix dessus, au feutre doré. Un jour, nous avons vu un menu entièrement rédigé sur un gigantesque ballon blanc !

holly

POUR BRISER LA GLACE...

Nouez un ruban assorti aux couleurs de
la fête à chacun de vos ballons, auquel
vous accrochez une étiquette portant le
prénom de l'invité. Regroupez les ballons
puis demandez à vos convives de trouver
le leur. Cela les divertira et favorisera les
échanges.

LE CARNET D'ADRESSES

ROYAUME-UNI

ACCESSOIRES DE FÊTE

Cass Art
cassart.co.uk

Julie Rose Party Co.
julierosepartyco.co.uk

Peach Blossom
peachblossom.co.uk

Ginger Ray
gingerray.co.uk

Hobbycraft
www.hobbycraft.co.uk

V. V. Rouleaux
vvrouleaux.com

Fred Aldous
fredaldous.co.uk

Paper Mash
papermash.co.uk

Pearl & Earl
pearlandearl.com

ART DE LA TABLE

Anthropologie
anthropologie.co.uk

Butlers
butlers-online.co.uk

Dinosaur Designs
dinosaurdesigns.co.uk

Jonathan Adler
uk.jonathanadler.com

Liberty
liberty.co.uk

Selfridges
www.selfridges.co.uk

West Elm
westelm.co.uk

ÉTATS-UNIS & CANADA

ACCESSOIRES DE FÊTE

Sweet Lulu
shopsweetlulu.com

Ban.do
shopbando.com

Eco Party Time
ecopartytime.com

Meri Meri
merimeri.com

The Flair Exchange
shop.theflairexchange.com

Martha Stewart Crafts
marthastewartcrafts.com

Michaels
michaels.com

Paper Source
papersource.com

Oh Happy Day Shop
shop.ohhappyday.com

ART DE LA TABLE

The Cross Decor & Design
thecrossdesign.com

ABC Carpet & Home
abchome.com

Anthropologie
anthropologie.com

Huset
huset-shop.com

General Store
shop-generalstore.com

Heather Taylor Home
heathertaylorhome.com

Pottery Barn
potterybarn.com

Jonathan Adler
jonathanadler.com

West Elm
westelm.com

Sarah Sherman Samuel
sarahshermansamuel.com

FRANCE

ACCESSOIRES DE FÊTE

Créattitude
www.creattitudes.net

Creavea
www.creavea.com

Cultura
www.cultura.com

Dalbe
www.dalbe.fr

Graphigro
www.graphigro.fr

Hema
www.hema.fr

La Droguerie
www.ladroguerie.com

Le Panier d'Églantine
www.lepanierdeglantine.com

Loisirs et Création
www.loisirsetcreation.com

My Little Day
www.mylittleday.fr

My Sweet Boutique
Mysweetboutique.bigcartel.com

Petit Pan
www.petitpan.com

Place des Loisirs
www.placedesloisirs.com

Pop Market
www.popmarket.fr

Toga
toga-le-site.com

DÉCORS DE GÂTEAUX

Alice Délice
www.alicedelice.com

Artgato
www.artgato.com

Cultura
http://www.cultura.com

Du Bruit dans la cuisine
http://dubruitdanslacuisine.fr

Féerie Cake
www.feeriecake.fr

Merci 111
www.merci-merci.com

Scrapcooking
http://www.scrapcooking.fr

AUSTRALIE

ACCESSOIRES DE FÊTE

Eckersley's
eckersleys.com.au

Emiko Blue
emikoblue.com

Confetti & Cake
confettiandcake.com.au

Poppies For Grace
poppiesforgrace.com

Ready To Party
readytoparty.com.au

Favor Lane
favorlane.com.au

Miss Bunting
missbunting.com

Sucre Shop
sucreshop.com

My Messy Room
mymessyroom.com.au

Pink Frosting
pinkfrosting.com.au

The Party Provider
thepartyprovider.com.au

Simply Sweet Soirees
simplysweetsoirees.com.au

ART DE LA TABLE

From The Owl
fromtheowl.com

Donna Hay
donnahay.com.au

Dinosaur Designs
dinosaurdesigns.com.au

Elephant Ceramics
elephantceramics.com

Mud Australia
mudaustralia.com

West Elm
westelm.com.au

Wheel & Barrow
wheelandbarrow.com.au

REMERCIEMENTS

Un grand merci à Jacqui Small et à toute son équipe pour m'avoir donné l'opportunité de faire, de créer et de partager quelque chose qui me rend heureuse. À notre chère Helen Bratby, conceptrice de cet ouvrage, merci pour ton soutien inconditionnel, ton énergie débordante et ton dévouement à ce projet. Un merci particulier à notre éditrice de choc, Sian Parkhouse, qui excelle vraiment dans son métier. C'est toujours un plaisir de collaborer avec toi.

À Jessy Senti, merci d'être la meilleure assistante qui soit. Merci également aux contributeurs de decor8 et à tous ceux qui m'épaulent dans mon travail, surtout lorsque je me lance dans la rédaction d'un livre et que ma vie devient quelque peu chaotique. J'apprécie vraiment votre dévouement et votre soutien.

Aux photographes qui ont fait de ce livre un véritable ouvrage artistique, j'ai nommé Laure Joliet, Holly Marder, Janis Nicolay, ainsi que quelques photos spéciales de Kelly Brown et Anouschka Rokebrand ; un grand merci pour l'énergie que vous avez apportée à ce projet, pour votre œil artistique et, bien sûr, pour votre talent. Merci à mes amis et aux membres de la famille qui ont accepté de poser pour les photos du livre et un merci tout particulier à toutes ces personnes qui ont bien voulu nous ouvrir les portes de leurs chez-eux afin que nous puissions y mettre en scène une fête.

À Esra Celik, Tinna Pedersen, Angela Brabander, Sania Pell et Kristina Schurzig, merci pour votre soutien sans faille, votre bienveillance et votre amitié. Toni Vinther, merci d'être une source de lumière constante, merci pour tous les fous rires, mais, surtout, merci d'être mon ami (et merci pour Paris, aussi).

Merci également à mes chers amis, Leslie et Dan. J'ai tellement de respect et de gratitude envers vous deux, vous n'imaginez même pas à quel point. Vous m'avez appris tellement de choses et j'ai vraiment hâte de célébrer le lancement de ce livre avec vous, à Londres et à l'étranger.

Merci à Aidan, mon petit garçon, pour tes sourires, tes baisers et tes rires qui m'inspirent et m'encouragent dans mon aventure. Tu es encore bien trop petit pour comprendre tout ça, mais, lorsque tu liras ceci un jour, sache que tu es le soleil de ma vie et que c'est toi qui m'as donné l'énergie pour rester sur la bonne voie. Tu es ma plus grande source d'inspiration. J'étais ravie de pouvoir t'emmener avec moi à quelques séances photo pour ce livre et de voir à quel point tu étais content de tout ce qu'on a créé. Je n'aurais pas pu rêver d'avoir un meilleur fils que toi. Mon souhait le plus cher est de te donner le meilleur exemple qui soit avec tout plein d'amour. Je t'aime fort, mon lapin.

Enfin, merci à mon mari, Thorsten, à tous mes chers amis ainsi que mes fans de decor8. Jamais je n'oublierai mes racines et je vous serai toujours reconnaissante pour le soutien inconditionnel que vous me témoignez.

Holly

Merci à Jacqui Small et à son équipe formidable de m'avoir de nouveau fait confiance concernant ce projet qui me tenait vraiment à cœur. À Sian Parkhouse, notre éditrice, tu es vraiment la meilleure, c'est toujours un plaisir de travailler avec toi. À notre talentueuse conceptrice de l'ouvrage, Helen Bratby, ce fut un honneur de collaborer avec toi, d'autant plus que tu as apporté plein de belles choses à ce projet.

Un grand merci aux photographes Laure Joliet et Holly Marder, votre travail est une belle source d'inspiration et j'ai été ravie de travailler avec vous, ce projet n'aurait pas été ce qu'il est sans vous. Un grand merci à mon amie photographe Janis Nicolay, j'ai eu la chance inouïe de pouvoir de nouveau travailler avec toi sur ce projet, tu es une personne en or.

Un grand merci à tous nos modèles ainsi qu'aux propriétaires qui nous ont gentiment ouvert leurs portes, le temps de quelques séances photo.

À Christina Lin, assistante-coiffeuse, à la talentueuse calligraphe Kate Campbell et à mon amie Julie Cove, un grand, grand merci pour votre aide précieuse.

Merci à Holly Becker d'être l'autre moitié de notre tandem créatif.

Merci à toute ma famille de m'avoir toujours soutenue dans mes différents projets. Caitlin, tu es un ange, cet ouvrage ne serait pas le même sans ton aide. Diane, merci pour ton aide et ton soutien qui ne connaissent pas de limites. Merci à Sienna et Parker de ne pas en vouloir à leur maman d'être souvent occupée.

Et, enfin, à Dan : merci, merci, merci.

NOS CONTRIBUTEURS

CANADA

Sites
Julie Cove, alkalinesisters.com
Pam Lewis and Metka
Lazar of Moonrise Creative,
moonrisecreative.ca

Assistants stylistes
Diane Shewring
Caitlin Sheehan, instagram.com/
caitlinls
Josh Larsen, instagram.com/
joshualars
Divine Bartolome

Calligraphie
Kate Campbell, instagram.com/
kateandcampbell11

Fleurs
Thorn & Thistle, thornandthistle.ca

Accessoires
Bash Specialty, bashspecialty.com
Shop Sweet Lulu, shopsweetlulu.com
Pigeonhole Home Store,
pigeonholehomestore.com

LOS ANGELES

Sites
Sarah Sherman Samuel et Rupert
Samuel, sarahshermansamuel.com
Heather Taylor, heathertaylorhome.
com

Assistants stylistes
Christina Lin, staged4more.com

Fleurs
Silver Lake Farms, silverlakefarms.
com

ALLEMAGNE

Sites
Anette Wetzel-Grolle, lebenslustiger.
com
Eilenriede Forest Hannover,
hannover.de
Lister Turm Biergarten, lister-turm-
biergarten-hannover.de

Assistants stylistes
Susanne Irmer, milas-deli.com
Pamuk Akkaya, instagram.com/
pamukak

Fleurs
Indigo, indigoblumen.de

Accessoires
RICE, rice.dk
PomPom Manufaktur, pompom-
manufaktur.de
Shop Sweet Lulu, shopsweetlulu.com
ComingHome Interiors,
cominghome-interior.de
Superfront, superfront.com
Bloomingville, bloomingville.com
Connox, connox.de
La Mesa, lamesa.de
Mooi Moin, Rambergstr 32,
Hanovre, Allemagne
Kukkamari, kukkamari.de
Muuto, muuto.com
Niner Bakes, ninerbakes.com
Fashion For Home,
fashionforhome.de
Aimée Wilder, aimeewilder.com
Dear Lilly, Sedanstr. 37, Hanovre,
Allemagne
Farrow & Ball, farrow-ball.com
Agentur Pedersen,
agenturpedersen.com
Dishes Only, dishesonly.com

Anna Westerlund,
annawesterlund.com
West Elm, westelm.com
Zazzle, zazzle.com
Minted, minted.com

PAYS BAS

Sites
Holly Marder, avenuelifestyle.com

Accessoires
Sukha, sukha-amsterdam.nl

MODÈLES
Un grand merci à tous les membres
de notre famille ainsi qu'à nos
proches qui ont accepté de jouer le
jeu en posant pour le livre :
Sienna Sheehan, p. 132, 135
Aidan Benjamin Becker, p. 120,
122
Caitlin Sheehan, instagram.com/
caitlinls p. 9, 36 en haut à gauche,
39, 49, 54, 103, 106, 109
Josh Larsen, instagram.com/
joshualars, p. 106
Holly Marder, avenuelifestyle.com
p. 1, 20, 25, 62, 153
Esra Celik, p. 90, 91, 95
Sean Andrew Shackelford, p. 90
Sarah Sherman Samuel,
sarahshermansamuel.com, p.14,
50, 54
Pamuk Akkaya, instagram.com/
pamukak, p. 21, 25, 31 en haut à
droite et en bas à gauche
Lilly Oppitz, p. 4, 90, 95
Tinna Pedersen, agenturpedersen.
com, p. 25
Emma Pedersen, p. 90, 95, 101
Carey Salvdor,
pigeonholehomestore.com, p. 6
Cara Triconi p. 6
Agata Atmore,
islandgeneralshoppe.com, p. 6
Metka Lazar, moonrisecreative.ca,
p. 39
Pam Lewis, moonrisecreative.ca,
p. 39

CRÉDITS PHOTO

LESLIE SHEWRING,
leslieshewring.com
p. 20 en bas, tout à droite, 26 (tout), 27, 29, 33, 34 (tout), 35, 44 (tout), 45, 48 (tout), 50 en haut, milieu droite, 51 en haut, 56 à droite, 57 en haut, 58 (tout), 59, 60 (tout), 62 (tout sauf au milieu à droite), 63 en haut, 68 à droite, 69 à gauche, 72 (tout), 73, 74 en haut à gauche, au milieu, 75 en haut, 81, 87 (tout), 102 au milieu à droite, en bas, 103 (tout), 105, 106 (tout), 107, 108 (tout), 109, 110, 111 (tout), 112 (tout), 113, 119 en haut à droite, 120 à droite, 128 en haut à gauche, en bas, 129 en bas, 131, 132 en haut à gauche, en haut à droite, en bas à droite, 133, 135, 138 (tout), 139 (tout), 140 en haut à gauche, en haut à droite, au milieu à gauche, 142 (tout sauf au milieu à droite), 145, 146, 147 en haut à droite, en bas à gauche, en bas à droite, 148, 149, 150 (tout), 151, 152 (tout).

HOLLY BECKER,
decor8blog.com
p. 1, 2, 3, 4, 13, 16, 20 en haut, à gauche, au milieu, 21 en

haut, 22, 24 en haut à droite, 25, 30, 31 en haut à gauche, en haut à droite, en bas à droite, 32, 38, 50 à gauche, 52, 61, 64, 70 (tout), 71 (tout), 75 en bas, 76, 85, 88 (tout), 89, 90 (tout), 91 (tout), 92, 93, 94, 95 (tout), 96, 97, 98, 99 (tout), 100 (tout), 101, 104, 114 (tout sauf en haut et en bas à droite), 115 (tout), 116, 120 à gauche, 121 (tout), 122 (tout), 123, 124 (tout), 125 (tout), 126 (tout), 127, 128 en haut à droite, au milieu à gauche, au milieu à droite, 129 en haut à droite, 130, 132 en bas à gauche, 134, 136 (tout), 137, 140 au milieu à droite, en bas à gauche, en bas à droite, 141, 142 au milieu à droite, 144, 153, 160.

HOLLY MARDER,
avenuelifestyle.com
p. 10, 17, 20 en bas, 21 en bas, 23, 24 en haut à gauche, en bas à gauche, en bas à droite, 28, 31 en bas à gauche, 36 au milieu à gauche, au milieu à droite, en bas, 37 top, 62 au milieu à droite, 63 en bas, 65, 66/67, 68 à gauche, 69 à

droite, 117, 118, 119 en haut à gauche, en bas à gauche, en bas à droite, 143 (tout), 147 en haut à gauche, 157.

LAURE JOLIET,
laurejoliet.com
p. 14, 15, 50 en bas, tout à droite, 51 en bas, 53, 54 (tout), 55, 56 en haut à gauche, 57 en bas, 102 en haut à gauche, au milieu à gauche, au milieu.

KELLY BROWN,
kellybrownphotographer.com
p. 18/19.

JANIS NICOLAY,
janisnicolay.com
p. 6, 9, 36 en haut à gauche, milieu, 37 en bas, 39, 40/41, 42 (tout), 43, 46, 47 (tout), 49, 74 au milieu à gauche, au milieu à droite, en bas, 77, 78 (tout), 79, 80, 82 (tout), 83 (tout), 84, 86.

ANOUSCHKA ROKEBRAND,
anouschkarokebrand.com
p. 114 en haut, tout à droite. Holly Becker est l'auteure de la photo sur la 4e de couverture.

Nous espérons sincèrement que ce livre vous inspirera et que vous y trouverez toutes les astuces nécessaires pour une fête qui en jette, sans pour autant que son organisation soit une source de stress. N'oubliez pas : ce n'est pas la perfection qui compte, du moment que tout ce que vous faites vient du cœur et que vos invités se sentent à l'aise dans l'ambiance que vous avez créée. Et puis, pourquoi ne pas faire comme nous l'avons fait avec vous, c'est-à-dire insuffler à votre tour l'envie à vos convives d'organiser des fêtes simples et réussies ? Alors, prêts à passer le flambeau ? Trois, deux, un… C'est *party* !